通勤大学人物講座3

マーフィーの教え

松本幸夫＝著
Yukio Matsumoto

通勤大学文庫
STUDY WHILE COMMUTING
総合法令

はじめに

成功法則の先達として知られる〝マーフィー〟こと、ジョセフ・マーフィーは、この分野では知らない人はいない位の巨人であり、現在、巷で提唱されている〝願望実現法〟の基礎を築いた人物である。

彼の教えの中心概念は、『誰でも、生き生きとイメージしたことは実現する』という非常にシンプルなものであり、そのシンプルさゆえ、時代を超え、地理的な壁を超え、広まった。

しかし、一方で、そのシンプルさゆえの裏返しとして、マーフィー理論を正しく使うことができず、せっかくの魔法の杖を間違って振ってしまう人が後を絶たなくなってしまったのも事実である。

何を隠そう、実は、わたしもその一人であった。

自分の欲しい物、なりたいもの、仕事の成功、……、本で読んだマーフィーの教えにしたがって、生き生きと自分の願望をイメージしたつもりになっても、効果が思うようにみられなかった。

なぜ、効果がみられなかったのか。

その疑問を解決すべく、膨大なマーフィーに関する資料を読み、研究を重ねていくうちに、そこにはあるキーワードが存在することがわかった。

そして、そのキーワードにしたがってマーフィー理論を読み解いていくと、そこには願望実現のための、厳密だがシンプルな法則が存在していることがわかったのである。

それは何であったのか。簡単に言うと、それは『潜在意識へ刻印したことは実現する』ということであった。

くわしくは、本書を精読していただきたいが、この法則が理解できてから、願望はおもしろいように実現していった。それは、仕事での成功から、欲しい物を手に入れることまで多岐に渡った。

結局、ほんの少し補足するだけで、マーフィー理論は恐ろしいまでの効果を発揮するということが、わかったのである。

そこで、わたしは潜在意識への刻印の仕方を、一般の方にもわかるように体系付けてみることにした。そして、だれにでも実行、実現可能な方法を確立することができたと思う。

そういう意味で、本書は、いわばマーフィー理論の『正しい取り扱い説明書』であるといえるかもしれない。

マーフィー理論を正しく使用することによって、あなたの願望が劇的に叶うことを確信している。

著者

マーフィーの教え◎目次

マーフィーの教え――目次

第三章　マーフィー理論で願望を実現する

第四章　マーフィー、驚異のエピソード

第五章　マーフィー理論を使いこなす

第一章　マーフィーの正しい読み方

マーフィーのゴールデンルール（黄金律）

マーフィー理論と呼ばれるものには、キリスト教的なベースがある。ただ、それは一般の解釈とはやや異なり、「人生は自分の想い描いた通りになる」という信念を基盤にしている。だから、聖書そのものすべてが、その信念に合うようにとらえられていくのである。ここがマーフィーを理解する上での大きなポイントとなる。

いわゆるゴールデンルール（黄金律：内容が深遠で、人生にとってこの上なく有益な教訓のこと）についても、一般的にいわれているものと、マーフィーが述べているものとでは基本的な意味合いが違う。

一般的にいわれるゴールデンルール（黄金律）というのは、

「何事でも人からして欲しいと望むことは、人にもその通りにせよ」

ということだ。これは新訳聖書中のマタイによる福音書、七章一二節の部分をいっている。「相手の立場に立つ」というようなコミュニケーションの基本も、考え方としては（特に欧米では）ゴールデンルールからきていることが多い。

マーフィーも牧師であるから、この一般的にいわれるゴールデンルールそのものは否定していない。ただ、さらに重視したのはマルコによる福音書、一一章二四節であった。つまり、

「すでにかなえられたと信じなさい。そうすれば、その通りになるだろう」

ということである。これが「マーフィーのゴールデンルール」（黄金律）である。

それは、いいかえると「求めよ、さらば与えられん。叩けよ、さらば開かれん」ということにもなり、まず願うこと、信じること、強く想うことがあってこそ人生の道が開けていくのである、ということになる。

マーフィー理論のベースにある、この「人は想った通りになる」という信念は、何も証明するものではない。信じるかどうか、というのがポイントになる。

そのため、あえてマーフィーは、細かな心理学的裏付けや、フロイトやユングの潜在意識、集合的無意識ということを詳細に語りはしなかった。

もしも、理論的なものを加えるとしたら、フロイトやユングの理論に触れることに

なるのだが、これはどちらかというと日本人の読者向けに、訳者・研究者の方が強調したものである。が、やはり、それは日本人を納得させるためには欠かせないものであり、本書でも後述してみたい。

とりあえず、ここでは

「想いは実現する」

「願えば叶う」

「心の底から真実だと切望すれば、そうなる」

「人は思った通りの人間になる」

等といった表現をされるマーフィーのゴールデンルール（黄金律）についてしっかりと覚えておいて欲しい。

「想えば十分」という誤り

わたしの処女作は『ツキを呼ぶ信念の魔術』というもので、その中には潜在意識や、信念ということが、しつこく書かれていた。一七年前のことだ。そのベースとしてあったのは、さらに一〇年前に出会ったマーフィーの著作である。ゴールデンルール、つまり、「想いは実現する」ということを、当時は〝願望実現〟という呼び方をしていた。

本書では、その活用法を具体的に述べてみたい。というのは、ただ単に「想いは実現する」というと、中にはマーフィーの教えを誤ってとらえる者が出てくるからである。

あるとき読者からの便りがあり、そこには「なぜ願望が叶わないのでしょうか」という学生さんからの質問があった。

「先生の本には、心の底から本当だと信じたことは必ず実現するとありました。わたしはお金が欲しいので、夜、寝る前に、自宅のテレビの上に一〇〇万円があると信じました。ところが翌朝になっても実現しません。どうしてでしょう?」

とまじめに書かれていた。

「想いは実現する」とばかり強調してしまうと、このような笑えない悲劇も出てくる。

マーフィー流願望実現にも法則があり、「想い方」にもノウハウがある。ただ「想った」だけでは願望は実現しない。

これは後に、誤りやすいポイントとしてあげてみたいと考えている。何しろマーフィーはどこにも「命がけで行動しろ」「バリバリ活動しろ」というモーレツなことはいっていないのだから、曲解して、「想えば、それで十分」という者も出てきてしまうわけだ。

マーフィー流目標実現の本質

マーフィーのゴールデンルール（黄金律）をベースにすると、目標実現ということにおいて、一般的にビジネスで用いるようなものと、マーフィー流では大きな違いが出てきてしまう。

それは、目標実現において、具体的な「計画」「方法」「手段」を細かく考えるかどうか、という点である。ここがきちんと整理できていないとマーフィー流目標実現は大きく誤解されてしまう。先に述べた学生のように「ただ想えば十分」と曲解してしまう人も出てきてしまう。

もちろんビジネス上の目標実現では、手段を考えないということはあり得ない。期限も決めて、第二、第三案までも細かく「実現のための方法、手段をあらかじめ決めておく」ということになる。

つまり、目標を立てたら、計画・プランニングがあり、そのあとに実行していくことによって実現させていく。

ところが、マーフィーの理論においては、一見、この「計画」「方法」「手段」がないようにみえる。いきなり実現が来てしまうからである。

しかし、本当の意味において、この「計画」「方法」「手段」というのが「ない」のではなく、「任せて」しまうということなのである。

では、何に任せるかというと、その相手は、「宇宙」「神」「仏」「潜在意識」と、何と呼んでも構わないが、「小さな自分の力でない大いなる力」である。

マーフィー理論では、これを「潜在意識」ということが多い。

この「潜在意識」に、きちんと「任せ」ないと、願望は現実のものにならない。「潜在意識」にきちんと「任せる」ということを「潜在意識への刻印」という表現を使う。また、その方法としては、様々な「イメージ法」「瞑想」「祈り」というものがある。

わたしは、一時期ヨガの修行をしていた時があって、一般の人よりは「瞑想」や「祈り」についてトレーニングした経験、時間は長かった。そのため、マーフィーのいうようなゴールデンルールの「すでにかなえられたと信じる」ことは比較的容易である。

しかし、聖書片手に日曜ごとに礼拝するような習慣がある人は、あまり日本人には多くないだろう。つまり、「祈り方」の技法、やり方を習熟していない人は多く、マーフィーを本で読んだだけの人には、トレーニングが必要なのである。

瞑想、祈りの技術を身につけ、願望を「潜在意識へ刻印」することができるようになると、潜在意識と現実との間に橋がかかる。それが、「ひらめき」「インスピレーション」であり、これは「どうしたらいいのか」をわたしたちに教えてくれるものだ。

ひらめき、インスピレーションなしには、いきなり願望は実現しない。誰と会ったらいいのか、どこへ行けばいいのか、何をしたらいいのか、願望を叶えるために必要な「行動」へと潜在意識が導いてくれて初めて、願望は実現するのである。

これだけのことを前提として、願望実現できるのであって、普通の人が、ただ想っただけでいいと曲解してしまうと、先述した「テレビの上に一〇〇万円あると信じた学生」のようになってしまうのだ。

マーフィー本人は、願望実現する方法として簡単なイメージトレーニングのやり方を説いた。また、信じなさい・祈りなさいと説いた。本書では、さらにマーフィーに代わり、具体的なトレーニング法、潜在意識開発法についても触れることにする。

「結果を先取りする」ということ

マーフィーは、その願望実現法において、「結果の先取り」ということをいっている。

たとえば、結婚を考えたなら、出会いの場を考え、そのあとどこにデートに行こうか、プロポーズはどうしようか……様々なプロセスをあらかじめ考えて、細かな作戦、計画を考えるのが普通だ。しかし、マーフィーは次のようにいうのである。

「結婚を望むのなら、よけいなことを考えず、結婚指輪をしている自分の姿を生き生きと想像してから眠りなさい」（『マーフィー珠玉の名言集』産能大学出版部）

これが、「結果の先取り」ということである。

つまり、プロセスをあれこれと考えなくても、結果さえしっかりとイメージして潜在意識へバトンタッチすることができたなら、やがてそれは実現してしまうということなのである。常に、やるべきことは、望みの「結果」「理想」をイメージでの中で先取りして「現実になった」と自然に思えるまで〝潜在意識に刻印〟していくのである。

二、三、例をあげてみよう。マーフィーのラジオ番組を聴いた、ある営業マンが、マーフィーに直接会いに来て、「年収を五万ドルにするにはどうしたらいいか」と尋ねたことがある。

マーフィーのアドバイスは、心の中に豊かなイメージ、富裕意識を抱くことが富に至る最重要課題であるというものだった。

そこで、その営業マンは、毎朝時間をとって、「よくやった、お前は年収が五万ドルになる」という自分への宣言をくり返したのである。三カ月たつと、「年収五万ドル」という意識が営業マンに芽生えて、やがて昇進さらには歩合も増して年収五万ドルが達成されたという。

つまり、年収がそこまでに至る前に、すでにその年収を得ているのだという、「結果の先取り」をするのである。やがて、それは現実化していく。

ただし、「先取りする」というのは、ただ単純に想うだけではなくて〝実感〟できる位の強力なイメージのことをいう。このことはマーフィー自身も語っていることだ。

たとえばピアノが欲しいとしたら、

「ピアノがここにある」とただ思うだけではない。

まずピアノが現実に部屋にあることをイメージして、さらにイメージの中の鍵盤に触れてその感触を味わえという。ピアノの存在に「絶対的な確信」がもてるようになったなら、「自分のものである」と信じよという。

「**あとはあなたの潜在意識にまかせるのです。潜在意識は神的秩序をもって、あなたがピアノを得ることができるよう、とりはからってくれます**」

つまり、途中の方法、手段は考えずに、無限の力をもつ潜在意識にすべてを任せてしまえというわけだ。

そして、

「**あなたの潜在意識の無限の英知は人々の心に働きかけ、結局、それは思いもよらない方法で現実のものとなるでしょう**」（『あなたも金持ちになれる』産能大学出版部）

「結果を先取りする」ことによって、なぜ願望は実現するのだろうか。生き生きと結果を先取りすることによって、潜在意識はどのようにはたらくのだろうか。

所有意識を先に持て

説明を分かりやすくするため、「願望」を「物の所有」ということにしぼって解説していこう。

物質的な富がある人は、富のあることを知っているために心そのもの、意識そのものが〝富裕〟な状態にある。

現に一〇〇億円を持っている人は、「わたしには一〇〇億円ある」という心の状態にある。しかし、持っていない人は、当然ながらその心の状態にないわけだ。この「一〇〇億円」の部分を何かにおきかえて考えてみても同じだ。

「別荘」「クルーザー」「外車」「邸宅」としてみても、持っている人とそうでない人の意識構造は大きく違ってくる。この違いを分析してみると、次の二点が考えられるだろう。

それは、

1. 現実に所有しているかどうか

2. 所有していることを知っている（持っているという意識状態にある）かどうか

ということである

そうすると、次のことがわかる。

本当に豊かな人↓所有と所有意識を持っている

豊かでない人　↓所有もせず、所有意識もない

つまり、一般の人は、どちらか片方、つまり所有しているのに所有意識がないということはあり得ない。また、所有意識だけあって、所有していない人もいない。

そこで、マーフィー理論は、この人間の意識構造を利用するのである。

つまり、自分は豊かで、欲する物すべて所有しているのだということを信じて、所有意識を先に持ってみるのである。すると、潜在意識のレベルでは実際に所有していることと同じことになり、状況がそのように整ってくるのである。

これは、一般のルートである、

「手に入った」→「自分は持っている」

の流れの逆になり、

「自分は持っている」→「手に入る」

ということになる。

よく、「豊かになるためには、豊かな心になることが何にも増して重要なことである」ということをいわれるが、これは所有意識を先に持つ→実際に所有できる、という論理と同じことなのである。

「まずは心の中で所有しなさい。やがて現実の所有がやってきます」（『マーフィー珠玉の名言集』産能大学出版部）

マーフィーは、富裕意識を養うために、とてもユニークな方法を紹介している。これは他に類もないもので、日々の実行によって必ずわたしたちの意識を変えてくれるものだ。

それは、請求書を受けとったときに用いる方法だ。

人間は、現実にお金を請求されると、意識そのものは一瞬でも「お金」に集中するので潜在意識に願望が刻印されやすい状況にある。

普通は「支払い」や「自分から出ていく」というようにとらえられてしまうが、そこをマーフィーは逆に考えろというのである。

1. 請求書と同額のお金を受けとったと思うこと

支払いというのではなくて、自分に入ってくるのだと思うこと、信じるようにする。

始めは難しくても、半ば暗示にかけるようで構わない。このお金は入ってくるのだ、もしくは入ってきたのだ、と思うことだ。

2．そして、感謝する

お金が入ってきた時に、人は多くの場合、「ありがたいな」という意識があるはずだ。少なくともお金が入って、「イヤだな」とはならないだろう。

この「感謝の念」を、請求書を受けとった時に心に抱くようにするのである。

もしも本当に実行したなら、これだけでも大きな利益のあるマーフィーの方法である。

「私はこの魔法のような公式を多くのビジネスマンに語ってきましたが、いずれの場合にも彼らはその利益にあずかって感謝しています」（『あなたも金持ちになれる』産能大学出版部）

第二章　マーフィー理論徹底解読

マーフィー理論を解読する

マーフィーは様々な願望実現法を述べているが、その基本は、第一章で述べた理論、「所有意識を先に持つ（願望が実現したと確信する）」ということである。そうすると、あとは潜在意識が状況をととのえてくれる。

ここでの大きなポイントに、「いかに、リアルに所有意識を持つか（願望が実現したと確信するか）」ということがある。

「そんなの簡単だよ」と思われる方、たとえばあなたは、そんなに簡単に、本心から一〇〇億円を持っていると信じることができるだろうか？　実際問題、そんなに簡単に信じることなどできないであろう。

実際に所有していないのに、「あたかも本当に所有しているかのような意識（願望が実現したと確信する）」を持つには様々なテクニックが必要とされる。

マーフィーはそのための方法をたくさん述べているが、それは、主に「潜在意識にバトンタッチする」、「潜在意識に任せる」、「潜在意識に刻印する」、「祈る」、などというように表現される。
ここでは、マーフィー理論を読みとき、その具体的な実践の解説までしたいと思う。

マーフィー理論を読みとく七つのキーワード

わたしはマーフィー理論の研究を進めるうちに、そこに七つのキーワードがあることを発見した。

それは次の七つである。

1. **集中**
2. **祈り**
3. **くり返し**
4. **イメージ**
5. **時間**

6. **感情**

7. **ことば**

それぞれ、くわしく解説していこう。

キーワード① 集中

マーフィーの教えによって願望を叶えた人たちに共通しているのは、ただ、ながら的に、いい加減に実現を想ったのではないということだ。そこには、全員共通して「集中」した時間をとったことがあげられる。

集中というのは、ただ一念、そのことの実現を信じて、それだけにすべての考え、労力をささげるということである。

たとえ話をいくつか。

昔、山中で一人の武士がさまよっていた。道に迷ったらしい。しかも途中で刀を置いてきて背には弓と矢を負っているだけであった。

するると、突然山中のしげみから大きな月の輪熊が現れた。武士は、とっさに刀で応戦しようとしたが、手元にはない。

他に武器もないので、せまってくる熊に対して、一本の矢を狙いを定めて、熊の喉の部分に射ち放った。

見事にその矢は熊の喉に命中して、そのまま動かなくなった。

やった、と思った武士は、動かなくなった巨大な月の輪熊に近づいてみると、それは熊ではなくて巨大な岩石だった。

「なんだ」、と思った武士は再び矢を射てみたが、一本、二本、三本…。堅い岩石には矢が刺さるはずもなかった。

これは、その武士の命がけの必死の集中が、矢を刺さるはずのない岩に突き立てたということである。

もちろん、これはたとえ話なのだが、それ位の必死の集中力で、あなたは自分の願望の実現に心をこめているだろうか、集中して祈り、瞑想を行なっているだろうか？

〝偉人〟と称されるような人には、この種の異常といえる位の集中力を発揮する人が多い。

昔、夫妻でノーベル賞を受けたキューリー夫人が読書していた。夫がふざけて、夫人の周囲を他の本で囲うようにした。しかし、本を読むのに集中していた夫人は全然気がつかない。やがて夫は、身長に及ぶ位の本の囲いで夫人を見えないようにしたが、それでも夫人は、まだ気づかずに、読書をしたあとに我にかえったとき、どうして本に囲まれているのかわからなかったという。

成功した人の驚異的な集中力を教えてくれるエピソードだ。

もしも、あなたが心の底から実現したいと考えていることがあったなら、このキューリー夫人のような集中力で念じているか、確認して欲しい。

ちなみに、日常から集中力を高めるための簡単な方法があるから、いくつか紹介しよう。参考にして願望実現のための集中力も高めていただきたい。

(1) 身体のバランスを保つトレーニング

これは、たとえば平均台のような所を歩くことを考えて欲しい。もしも集中力がないと、すぐに落ちてしまうだろう。

さらに、たとえば片足で立ってバランスをとってみるとか、できる人は逆立ちをするとか、集中しないとできないことをくり返して行なってみよう。

(2) 熟考するような時間をもつトレーニング

たとえば、チェス、将棋、囲碁のような、次の一手を読み、相当に熟考するようなゲーム類は、集中力を高めるのに役立ってくれる。

あるいは、ビジネスなら、五年、一〇年先の展望をしてみるとか、企画を立ててみるとか、あまり日頃は考えないような「頭を使う」時間をとってみよう。

この意味では、パズルやテレビゲームのようなことも、集中力を高めるのに一役かってくれることがわかる。

(3) 呼吸をコントロールするトレーニング

動物が獲物におそいかかる時に、ウーッとうなり声をあげる。これは戦いに集中するための呼吸をしているわけだ。

わたしたちも、心の状態をコントロールするには呼吸法のトレーニングを毎日くり返すのは有効である。

たとえば、驚いた時には息をのむというように急速に吸う呼吸になる。そして、ゆっくり息を吐くようになる。このように、心の状態と呼吸は密接につながっているといえよう。

また、集中力を高めるには、昔からいわれる数息観《すそくかん》がいい。これは、自分の呼吸をただ数えるという、いたってシンプルなことだが、これが行なってみるとなかなか続かない。「ひとおー」で吸い、「つー」で吐く。もちろん、これを頭の中でだまって行なう。あくまで集中するのは呼吸でそれを数えていく。

ふたあー（吸）、つー（吐）

みーっっ（吸）、つー（吐）

とくり返していって、さいごに

とー（吸）、おー（吐）

で終わる。

わたしたちは、禅のプロになるのではないから、この一〇まで呼吸に合わせて数えることまででかまわないので、日に何回でも行なって欲しい。

ただ、実際にやってみると途中で他のことを考えてしまい、始めの頃はなかなか一〇までいかないものだ。しかし、それが、集中力を高めるトレーニングになってくれるのである。

キーワード② 祈り

祈りが、実はマーフィー哲学を本当に自分の〝血肉化〟できるかの鍵となる。
というのは、先述したような解釈の違いもあるが、マーフィー哲学のもともとのベースは「聖書」にあり、マーフィーの著書でも「原著」には、キリスト教的なものが数多く盛り込まれている。

ただ、キリスト教信者の多いアメリカ人なら、日曜学校で日常的に耳にする聖句にしても、日々の生活の中に入り込んでいるような詩篇にしても、多くの日本人にとっては全く無縁のものである。つまり、そこでマーフィーのいわんとするところは、完全にはわたしたちには届いていないわけだ。

もちろん、〝潜在意識〟のパワーは、宗教を越えるものだが、各宗教にある「祈り」は、マーフィーの願望実現法においても欠かせない。そして、その多くは聖句や詩篇のような「ことば」で表される。

人がことばで考えをまとめるのである以上、ことばと共に祈りは行なわれる。

ことばに魂が宿るような「言霊」や、欧米では自分を力づける「ペップトーク」、あるいは自己宣言と訳される「アファメーション」にしても「ことば」である。ことばの重要性については、後の項目でもう一度まとめることにする。

ここでは、祈りは通常、ことばと共に行なわれるとおぼえておいて欲しい。

あなたが心の底から叶えたいことがあったらどうするだろう？

それは、万国共通の「型」になるはずなのだ。

体をそりかえらせて、腕組みをする人は一人もいない。

手の平を合わせるのか、指を組むかはそれぞれであるが、基本的には胸の前で手を合わせる。また、そり返るのではなくて前かがみになったり、腰をおとしたりして、何か偉大なものの前にひざまずくようなスタイルになるだろう。「神様、お願いします」というような型となる。

実は、「願望実現のための祈り」というから、特別なものと思われるだろうが、わたしたちも実は「祈り」を行なっている習慣がある。それを毎日、意識してくり返すとよい。

それは、「初詣」である。毎年、正月に、その年をどうしたいか、何を得たいか、わたしたちは神社やお寺に行き、手を合わせ、頭を垂れて祈っているではないか。それが、実は「祈り」の基本形となる。

ところが、普通は日々の仕事や勉強に忙しくなり、「祈り」については、あまり考えない。これでは不十分だ。これも後のキーワードのひとつ、「くり返し」によって、願望実現効果を高めて欲しい。

わたしは、マーフィーが説いた中で、日本人に合うのは「成功・富・繁栄・愛・平和・安定」というような、ポジティブで明るくなれるようなことばを、祈りの中で繰り返すことであると思う。

おそらく、キリスト教的な素養のない人だと、マーフィーの説くような長い祈りの文句はピンとこない。そのまま潜在意識には入りにくいと思われるからだ。

そして、合掌すること、基本的には目を閉じること、姿勢を正すことといった「型」から入り、しっかりと祈り続けて欲しい。

偉大なものへの「お願い」というときの〝偉大なもの〟とは、神と呼ぼうが仏と名付けようが、それは潜在意識の別名だというのが、マーフィーのとらえ方である。

キーワード③　くり返し

潜在意識に願望を「刻印」するのには、その強さと回数が問題となる。人生を変える位の強い祈り、「念」というのは、一生の間にそう何度もあるわけではない。

たとえばリストラされて、一念発起し事業を起こそうとか、絶対に人生の伴侶はこの人しかいないと決心したりとか、こういった人生の「節目」において、人は強い願いを持つ。

一般には、その強さがそこまでいかない平均的なことであれば、あとはその祈り、イメージ、潜在意識へ刻印していく回数による。マーフィーの願望実現法で願いを叶えた人に共通しているのは、その「回数」なのだ。早ければ数日、長いものは差があるが数週間から何カ月、その内容によっては何年もかかるというケースもあり、いずれの場合も、「一回」ではなくて、日に何回か、ずっとくり返していくのである。

これもその人の「タイプ」によるから、ひとつのことを集中して考え念じ続けていってても大丈夫な「執着型」とでもいえる人は、短期に回数多く、というのがよいだろう。

しかし、あまり「願望」そのものをずっと考え念じるのはつらい、という人は、日に時間を決めて、毎日「くり返す」ようにしよう。そして、願望を潜在意識にくり返しインプットする時間以外は、ごく普通に生活していったらよい。

年配の人なら「スカッとさわやか」、若い人なら「ノーリーズン」というと、ある飲料水の名が半ば自動的に浮かんでくる。それはなぜか。

これは、その飲料が心の底から飲みたいという「強さ」ではないだろう。むしろ長期に渡って、くり返しくり返しインプットされたために、心の底に刻印されてしまった。いわばコマーシャル効果である。

「カステラ一番電話は二番…」というようなフレーズの続きが自動的に出てきてしまうのもコマーシャル効果、くり返し効果である。

この商品を、わたしたちの願望におきかえて考えてみたらよい。本当に叶えたい夢、願望を、自分で作ったフレーズが自動的に出てくる位に、くり返しインプットしつづけよう。

キーワード④　イメージ

これが、実は、「願望実現法」の柱ともいえる重要な部分になっている。

たとえば、マーフィーも自分で十分に活用していたのが「イメージ」のパワーである。

くわしくは後述するが、家を売りたかったときに、〝売り家〟の立て板をひき抜いて、「もう用がない」とガレージに放りこむようなイメージや、大観衆の前で堂々とスピーチしている自分のイメージをマーフィーは行ない、願望を実現した。

これはたとえると「心のスクリーン」にあなたの想い通りの願望を描くということになる。

このスクリーンには、何を映し出そうともあなたの自由である。運命が想い通りにいかない人は、このスクリーンに嫌な場面やストーリーを慢性的に、しかも無意識に想い描く傾向が強い。

しかし、マーフィーの成功法のことを全く知らなくても、自由に自分の想い通りのストーリーや状況を映し出して、それを現実化してしまう幸運な人もいる。

次に、イメージパワーの活用をさらに行なっていく力になることをいくつか述べておこう。

(1) 打ち消す

肯定的、プラスの明るいイメージが、明るい未来を築く、というのは、頭ではわかっていることだ。プラスのイメージ内容は、やがて潜在意識にインプットされていき、それに見合った出来事が現実化していく。ところが、人によっては嫌なイメージを浮かべてしまうことはある。一度マイナスイメージを浮かべてしまったら、それに対してどのように対処すればいいのだろうか？

ここでは〝打ち消し〟のテクニックが効果を発揮するところとなる。

マイナスイメージのあとに、すぐにそれを打ち消すだけのプラスの強いイメージをくり返して、マイナスイメージを「なかったものにする」のである。

心の中は、消しゴムのように、それをそのまま消せない。そこで、コップに入った汚れた水を、きれいな水を注ぐことによって浄化するのと同じで、プラスイメージでそのマイナスイメージを押し流してしまうのである。

ことばを使うなら、「必ずよい結果になる」や「必ず実現する」と、マイナスイメージのすぐあとに、プラスイメージを強く断定することばを利用して、悪いイメージを打ち消しておくことをお勧めする。

（2）イメージのあとはスマイルで終える

私は、潜在意識のインプットを効果的にするために「ＩＳＳ」を行なうことを説いている。

それは、ＩＭＡＧＥ↓ＳＭＩＬＥ↓ＳＬＥＥＰの頭文字をとったものである。マーフィーの願望実現のイメージというのは、実現させるための「方法」のイメージではなくて、「結果の先取り」である。

仮に現金三億円を持つことを目標としたなら、すでにその三億円を手にしている自分の姿を「イメージ」する。

そして、そのあとに好ましいのは、イメージがもしも実現したならどうなるのか？その雰囲気、感覚をまだ実現する前に味わってしまうのである。

多くの人は、夢がかなったら、にっこり、「スマイル」＝笑顔になるはずだ。仮に宝くじがあたったら、何もいわなくても周囲にはよいことがあったのがわかってしまうだろう。つまり、心の状態は「顔に書いてある」というように、表情に最も出やすい。

そこで、それも先取りして、イメージしたあとで「よし、現実となった」と思い、笑顔＝「スマイル」を先にしてしまうのである。すると、それに伴ってさわやかで、うれしい感情にもなってくるものだ。

これは、「モーション（行動）がエモーション（感情）を生む」という心のメカニズムからきている。

また、マーフィーによれば、この感情の伴ったイメージは必ず実現するものである。

そして、時間としては、夜眠る前が潜在意識に入りやすいので、「スリープ」が三つ目のキーワードとして挙げられるだろう。

(3) 慣れたら〝動き〟を入れてイメージすること

五感をとりこんだイメージは、「現実感」が味わいやすいために、実現までのスピードは早くなると考えられる。

理想はそのままの場所、状況をあらかじめ再現することである。その中でイメージするとやり易い。たとえば、入試や社内試験であったら、あらかじめ事前に会場に行ってその場所で、自分が能力を十分に発揮していることを味わうのである。

結婚式をグアムで挙げたいなら、事前にグアムの教会へ行ってみて、その場所で理想とする相手と式を挙げている様子をイメージしてみる。

そのときは、温度、風当たりから、香り、手触り、周囲の音に至るまで五感がフルに活動し、「この場所で結婚式を挙げるんだ！」と実感する中でのイメージとなるので効果は高い。

あるいは、補助的に写真やカタログを眺めながらのイメージというのは、イメージを浮かべにくい人にとっては福音となるだろう。

さらにあまり説かれることはないが、より「リアル」にイメージを味わうためには、イメージの中で「静止でなく動き」を出すことが良い。

たとえば、合格証に自分の名を見るだけでなくて、「やったぁー」といいながら飛び跳ねている自分を「動き」とともにイメージしてみる。

動きの入ったイメージは、「動画」に慣れている若い世代にはよりイメージしやすく効果も高く、メリットがあるはずだ。

正確なデータは出せないが、静止したイメージを行なうよりも、動きやストーリーのあるイメージのほうが、より早く、高い確率での願望実現が成されるわけである。

(4) ストーリーをつけてイメージしてみる

ストーリーといっても、そんなに長いものである必要はない。

たとえば、営業に出ていって成約がとれた↓営業所に戻って所長からほめられた↓さらに成績が上がり給料が倍増して喜んでいる自分の姿。

という位のラフなストーリーで構わないから、イメージの中でつなげてみる。これはやってみるとわかるが、かなり楽しい世界である。

ここでの注意点とポイントは、あくまでも「願望実現」にしぼりこまれていて、その中でストーリーがしっかり完結していること。さらに、最後は必ずハッピーエンドで、しかも短いストーリーのイメージをくり返し思い浮かべる点である。

とりとめもなく、ただ一回限り「こうだったらいいなあ」というのではない。そのストーリーが本当に現実のものになると信じて、リラックスした時間にくり返し毎日イメージし続けてみる。

ここで紹介した、動きやイメージにストーリーをつけるというのは、かなり「進化」したイメージのやり方だ。

時代と共に「潜在意識」に願望を刻印していくためのスキルは進化していくというのがわたしの持論である。マーフィーのオリジナルは崩さずに、その中で時代に合ったやり方を追求していくのは、誤っていないはずだ。

キーワード⑤ 時間

通常の成功法は、少しずつ着実に、段階的に成功に近づいていくための「プロセス」を重視し、その間のプロセス管理の手法が説かれる。

たとえば、わたしはタイムマネジメントも教えているが、そこでは目標・計画・実行・フォローアップという一連の流れの中で、成功するタイムマネジメントのスキルを考えていく。

ところが、マーフィー流は、このプロセスについては全く考えずに、結果をイメージさせて、潜在意識にインプットする。そして、本人には思いもかけないような方法で現実化する。つまり、大切なのはインプットのやり方であって、その間の「時間」は、あたかもワープして時空を越えるかのように作用する。

だから、「コツコツと着実に努力していく」という成功への時間のかけ方しか知らない人にとっては、プロセスがないことに納得いかない場合がある。

いわば、ここは学術的な方法でいくのか、ポップ、つまり大衆向けでいくのかの分かれ道である。

いうまでもなく、「プロセスなし」ということは、学術分野で大学の教授が説くような方法とは異なる。まさに現実的で、大衆向けのポップな「哲学」である。

また、願望実現に適した「時間帯」ということも、このキーワードである時間には含めてみた。

肝心なポイントなので、まとめておこう。

願望実現のために、潜在意識が受け入れやすい時間帯とは、基本的には、

(1) 判断力、理性の働きがにぶっている時間

となり、朝起きぬけか、就寝前がベストの時間帯となる。マーフィーの事例の中には、「夜眠る前」というのは、多く見受けられるものである。

また、あまり積極的にはお勧めしないが、ほろ酔い加減で、少しアルコールで気分よくなっている時間も、理性が減りつつあるときなのでよいかもしれない。

なぜ理性の働きがにぶった時間がよいのか。これは、潜在意識に対して何かをイン

プットしようとしたときに、理性が働いていると、インプットしたあとに
「そんなことはやはり難しいかな」

「理屈で考えたら、ムリだな」

「これは、科学的といえないね」

などというように、すぐに頭の中で反発してしまうことがある。しかし起床直後、就寝前、あるいはほろ酔いの時などには、こういった働きがにぶっているので、タイミングとしてよいということだ。

(2) リラックスしている時間

わたしは研修の際、受講者が緊張しているのがわかると、クイックマッサージ式に一分位のマッサージ体操をとり入れている。

首や肩の力が抜けてリラックスできていると、気持ちが反発したり、反抗的になりにくいのがわかっているからだ。

「友好ムード」のときは、互いの体はリラックスしているものである。

このときには、潜在意識が受け入れムードとなっているので、思いっきり「願望実現」に取りくんで欲しい。

理想としては、毎朝、毎晩、リラックスしながら「強い願望」を潜在意識にくり返してインプットしていって欲しい。

願望の「強さ」というのは、次のキーワードである感情とかかわってくる。

キーワード⑥　感情

もしも、しっかりと潜在意識に願望をインプットしたかったら、そこには「強度」が欠かせなくなってくる。

強度というのは、想いに「感情」がこめられたときに増していく。それが、ただ祈りのフレーズを唱えるだけだったり、「ダメならダメでもいい」というようなあやふやな気分であると、潜在意識へのインプットは中途半端なものとなる。

また、潜在意識には「主語」がなくなるので、感情はその中身によって、あなたの願望を左右することになる。

たとえば、他人への怒り、憎しみというような「マイナス」の想いは、その対象が誰に対するものであったとしても、あなたの潜在意識へは、その「マイナスの中身」が入っていく。

だから、潜在意識への願望のインプットの強度を増したければ、まずは楽しみ、喜び、幸福感、充実感のような「プラス」の想いを抱くべきである。

また、「何が何でも実現してみせる」という決意、信念もプラスとなる。ただし、こちらの場合は、ときによると体をリラックス状態から遠ざけてしまうので、注意が必要である。

普通は「あの人は感情的」というと、あまりよい意味ではとられない。が、マーフィーの願望実現法ということでいうと、プラスの感情を伴わせてのイメージや祈りは、絶大な力を発揮してくれる。

プラスの内容に限定してだが、感情を出せる人は、早い願望実現という成果が得られるはずだ。

キーワード⑦　ことば

「ことば」については、他でも述べているので、ここではまだ触れていない点について、二、三述べてみよう。

たとえば、「願望実現法」とあらたまって考えてしまうと、願望実現のための「フレーズ」もよそよそしいものとなってしまう。

そこで、ひとつのお勧めは「わたし」という主語をとって、日常用いるようなフレーズで、くり返し潜在意識へのインプットをはかっていったらよいだろう。

願望をフレーズにするとき、「わたし」とことさらつけた状態であると、普段の自然な会話での感覚は出にくいものである。

「わたしは仕事で成功する」

といわずに「仕事で成功する」としたほうが、短いしインパクトも強くなる。また、潜在意識には主語が不用だから、あえて「わたし」をつけないというのも、ひとつのやり方だと思って欲しい。

「わたしは結婚できる」→「結婚できる」

「わたしはＢＭＷの５シリーズに乗る」というよりも「ＢＭＷの５シリーズに乗る」としてみよう。

これは結婚やＢＭＷのみならず、他のすべてについて、いえることだ。

イメージにプラスして、こうやって、ことばを唱えることを習慣としてしまおう。

ここで、これまでみてきた七つのキーワードをすべて駆使して、「試験の合格」ということでシミュレーションしてみよう。

まず「ストーリー」「動き」をとり入れるとよいので、試験場の入り口から会場に入ってイスに座り、さらには試験会場で受験して、最終的に合格通知を受けてにっこりスマイルしている自分を、頭の中でイメージする。

時間帯は、起床直後と就寝前。毎日くり返して行なう。この時に、合格通知を受けて喜んでいる自分を感情をこめてイメージする。

さらに、その状態が現実化しているのだと信じ、祈る。

そのときにことばで

「わたしは必ず試験に合格する！」

ということからさらに一歩進めて

「必ず試験に合格する！」と短くしてみる。

建築や広告の業界で「ＬＥＳＳ　ＩＳ　ＭＯＲＥ」ということばがある。潜在意識への願望のインプットも、より短めに、インパクトの強い文を作り、唱えていこう。

マーフィー流成功六カ条

マーフィー理論を日本に広めた一人、故・しまずこういち氏によると、マーフィー理論には〝成功六カ条〟があるという。ここでは私流であるが、先に述べた「七つのキーワード」をふまえて説明してみよう。この六項目こそ、成功には欠かせないというものだ。

まず六つというのは次のものだ。

1. 物事を肯定的に考える習慣

2. 努力を惜しまない

3. 明確な目的意識

4. 自分を信じ他人の否定的なことばに惑わされない

5. 失敗を恐れない

6. 想像することがうまい

それでは、一項目ずつ説明してみよう。ただ、これは私流のマーフィー理論のとらえ方がベースになっているため、他の研究者の方と微妙な違いがあるかもしれないことは認識しておいていただきたい。

物事を肯定的に考える習慣

潜在意識が、意識したことを刻印するためには、よいのは「くり返し」である。つまり、仮に願望の刻印力がやや弱かったとしても、毎日習慣化してしまうことによって、それはやがて潜在意識に達する。半ば無意識のうちに、心の深層へと願望がインプットされる。

それに加え、「肯定的に物事をとらえる習慣」というのも、マーフィーのみならず、いわゆる「成功法」「願望実現法」の大家と呼ばれる人々は皆説くことである。ナポレオン・ヒル、ノーマン・V・ピール、ウェインダイアー、アール・ナイチンゲール、……　全てPMA（POSITIVE MENTAL ATTITUDE）、積極的心構えの力を共通して説いている。

あるいは、成功法に用いられるたとえ話にしても、コップの水の話も（水が半分しか入っていないと考えるか、まだ半分も残っていると考えるか）、裸足の住民に靴を売る話も（全員裸足だから可能性ゼロととるか、大きなマーケットととるか）も、いわんとするところは物事をどのようにとらえるかは「人間」の側にゆだねられており、そこに欠かせないのは「肯定的な思考」ということだ。

　わたしたちの日々の想いというのは、潜在意識に与える栄養であり、車のガソリンのようなものだ。だから、この中身はあくまでも「肯定的」なものであることが条件となる。

「あなたが潜在意識に書き込んだり、刻みこんだりすることは、どんな思想であれ、信念であれ、意見であれ、理論であれ、教養であれすべて、あなたは環境、状態、出来事などという客観的に現れたものとして体験することになるでしょう」（傍点筆者、『眠りながら成功する』産能大学出版部）

　富、平和、愛、幸福、繁栄、豊かさ……、「できる」「やりがいがある」「楽しそうだな」「がんばるぞ」といった肯定的な思考というものは、それがかたちを変えて「出来事」「体験」としてわたしたちの前に現実化してくるものなのである。

人生をよくしたければ、私たちは〝肯定的に考える習慣〟をつけなくてはいけないのである。

努力を惜しまない

マーフィーのいう「努力」「勤勉」といったことは、ただ額に汗して働くという意味では決してない。

ここでいう「努力」は、マーフィーの次のことばによって明らかであろう。

「勤勉とは体を壊すほど働いたり、夜遅くまでがんばることではなく、潜在意識にどれだけ自分の望みを植えつけるかです」（『マーフィー珠玉の名言集』産能大学出版部）

つまり、「努力」というのは、潜在意識に自分の願望をしっかりとインプットする労を惜しまないことなのである。

具体的には、願望が刻印されやすい起床直後や就寝直前に、自分の願望をイメージしたり、口に出して祈ったり、自己宣言したり、瞑想して心の平安を生み出すというような〝努力〟〝行動〟を欠かさないということになる。

物理的に、ハードワークで長時間労働しなくては成功しない、ということをマーフィーはいうのではない。

だから、マーフィー以前のアメリカの「広義の成功法」として挙げられるベンジャミン・フランクリンの、一生懸命働くという意味での「勤勉」のように、このような努力そのものを、少なくともマーフィーは成功の条件としていない。

仮に、一生懸命に働いて、そこに心の充足感があり、やる気も湧くとしたら、それはむしろ勤勉そのものというよりも、それがもたらす「心構え」が成功要因といえよう。その肯定的な、充足された心が潜在意識に刻印されて、「よい現象」が現実の世界に現れるということである。

明確な目的意識

マーフィーは、祈りが叶えられるためには、〝目的地〟が欠かせないという。ジャンプしたあとの〝着地点〟というようないい方もしている。

これは、たとえていうと、

「潜在意識はあなたを目的地にまで運んでくれる運転手である。この運転手はとても腕がよいから、あなたの望む通りの所まで行ってくれる」

ということである。

しかし、仮に客であるあなたが「指示」を出さなくては、行きようがないということを忘れてはいけない。

あるいは、指示を出すにしても、運転手に「大阪へ」といって走り出させたのにもかかわらず、しばらくして、「やっぱり仙台へ」といわれても、これもまた大回りで大変困ったことになってしまう。

つまり、ここで言いたいのは、まず「目的地をはっきりさせる」ということが大事ということだ。これは先述した「結果の先取り」のところの〝結果〟にあたる。

そして、一度定めたなら、実現するまでは大きな変更をしてはならない。もちろん、現実には車で目的地に行くまでに行なうような〝微調整〟はあるかもしれない。しかし、そうはいっても、目的地が北海道ではなくて沖縄だった、というような大幅な根本からの変更をしてはならない。

ということは、目的地そのもののない人、願望そのものがはっきりしないという人は、まず目的地を決めることから始めなくてはいけないことになる。

まあ別にこれといってないとか、何でもいい、というような心であると、さすがのマーフィーでも、成功させようがない。

あなたには、鮮明な「到達地」があるだろうか？

仮に富士山の頂上という目的地さえはっきりさせたなら、あとは潜在意識に任せてしまうとよい。五合目までは車で行けばいいとか、ヘリコプターを用いようとか、手段、方法については自分で決めることはない。

あなたはそこに到達していることを、信念になるまで、「これは現実なんだ」と自然にムリなく思えるまで、潜在意識へインプットし続けていくだけでよいのである。

自分を信じ他人の否定的なことばに惑わされない

潜在意識という点からみると、願望についてはどうやら「不言実行」のほうが有利に働くことが多いようだ。

ただ、自分を追い込み、あとへは引けない状況にするために、あえて「有言実行」してしまう方法もある。もしも言った通りにならないと「あの人のいうことは信用ならない」「あいつは口先だけだから」ということも言われかねないから、そこに死ぬ気でがんばれる力が出てくる。

もっとも、「有言」して周囲に言ってしまうと、ある種の「雑音」が入ってくることも多くあるのは事実だ。

「そんなことできるわけないじゃない」

「バカじゃないの」

「ムリだよ」

「そんな前例なんかないよ、失敗するさ」

という類の否定思考の周囲の人から口に出されることばのことである。

これを即座に否定できたり、笑って聞き流せるような人はむしろ少ないのではないだろうか。「できない」「ムリ」「ムダ」などという周囲の人にとっては何気ない一言であっても、それがそのまま潜在意識に刻印されてしまったらどうなるか？

だから、潜在意識的には、あくまでも不言実行、自分の信念のもとに願望実現の道を歩んでいくことをお勧めしておこう。「理想について他人と話すことは少ないほどよい」というマーフィーのことばを味わいたい。

ただ、落ち込んだときに、いきなり心構えをプラスに変えようと思っても、なかなかひとりでは、心の状態はすぐには変えられないものである。

そんなときは、「よし、がんばるぞ！」「まだまだこれから」「絶好調！」というように自分を励ます言葉を口にすると、思いのほか早く心が立ち直ってくるものだ。

このような力の出る、ピリッとした元気の出ることばを英語の表現ではPEP TALK（ペップトーク）という。こしょうのPEPPERのPEPで、自分を励ますものである。周囲からマイナスの否定的なことばが聞こえてきたなら、ひとりごとで、あるいは「心の中」でペップトークをいうことをお勧めする。

マーフィーは、「よい言葉を絶え間なく念唱」せよと説いた。また、「実現するのは、自分が内なる心に話しかけたことなのだ」とも説いた。

ペップトーク、さらには文章の形にして、自分の信念をくり返し口に出し、また心の中でくり返してマイナスことばを否定し、信念を強化していこう。

失敗を恐れない

失敗そのものは、実は成功への一過程にしかすぎない。成功の定義、法則としてまちがいないのは、「成功するまでやめない」ことである。これは何もエジソンの例を持ち出すまでもないだろう。何百回、何千回と人のいう「失敗」をくり返したエジソンは、「うまくいかない方法を何千通りも見つけただけ」だと豪語して、ついには成功に至る。そう、成功するまでやめなかったら、それは失敗とは呼べない。やめた時点で「失敗」と呼ばれる。

失敗を恐れてしまうと、結局は行動に移らなくなり、結果として何もせずに終わるということにもなりかねない。

マーフィーは「恐れ」そのものの克服法も説いている。

それは何だと思うだろうか？

それは、「恐れていることをやれ」というのである。「人前で話すのが恐い」なら、いちばんよいのは、とにかく人前で話してみること。交渉で大きな要求をして相手がどう反応するのか恐い。それなら、とにかく思いきって要求してみること。

よく考えてみたら、「恐怖」というのは実体がないものであり、自分の心を見つめてみると、そこにはただ「恐怖感」という一時の感情があるのみだ。そして、そのことに気付くと、恐怖はいつの間にか軽くなり、消滅してしまっている。

だから、失敗そのものというのは、別に恐れるようなものではない。成功に至るまでのプロセスとして、ただそういう出来事もある、というのにすぎない。

とにかく、マーフィーのいうように積極的に「やってみる」ことだ。失敗してみると、大したことはないのがわかる。そして、成功するまでやめないことだ。

想像することがうまい

潜在意識を活用していく人は、ひとりの例外もなく想像力のプロといってよい。

成功法の大家であったナポレオン・ヒルも、巨富を築く条件の中に〝想像力〟をあげている。また、世界の歴史も想像力によって動かされてきたといっても過言ではない。「空を飛びたい」というイマジネーションの産物が飛行機であり、スペースシャトルである。

同じように身の回りをみても、自然界の産物以外、「人工」のものは例外なく人間の想像力から生まれたものである。

別の言い方をしたなら、それらも「物」として生まれる前に、人の頭の中、心の中のスクリーンに「想像」されて、それから現実化しているのである。

しかも、マーフィー理論では、その想像は何も車や橋、ビルといった形あるものだけではなくて、人間関係や富、地位といったところにまで通用するのである。

マーフィーが紹介したエピソードにこんな話がある。

女子学生がクリスマスイヴの朝に帰郷する時に、ショーウインドーで気にいった旅行用バッグを見つけた。たまたま、その学生はマーフィーの講演を聴いており、こんな高価なバッグは買えない、と言いたくなったが、そうはしなかった。

そして、想像の中でバッグは自分のものなのだと信じたのである。

クリスマスイヴの夜、恋人から彼女にプレゼントされたのは、まさにその日の朝、イメージした中で自分のものだと信じたバッグであった。

これはとても身近な例であるが、想像力がうまく働くと、このように「朝イメージして夜」に手に入る物・ことさえあるということだ。このエピソードを「偶然」と思う人は、まだマーフィーの潜在意識についての理解を深めていく必要があるだろう。

右脳、左脳ということでいくと、想像するのが上手な人は、いわゆる「右脳タイプ」の人で、直観力、イメージ力、想像力の強い人だ。

一方、あまり苦手な人は、論理脳、文字、数字、といった「左脳」の発達した人であろう。

だから、絵を描くとか、歌詞の入らない音楽を味わうとか、文字よりも視覚的な表現を心がけるとか、直感で行動してみる、というような右脳を活用する工夫を日常に意識して入れてみるのも想像力を強くするのに有効だろう。

第三章　マーフィー理論で願望を実現する

潜在意識に願望を刻印する

ここで、これまでみてきたマーフィー流の願望実現法を実際のマーフィーの言葉と照らし合わせての復習をしながら、補足をし、さらにその注意点と応用について述べていきたい。少々、くり返しになる部分もあるが、それは、それだけ大事なポイントということでもある。再認識していただきたい。

また、私の専門分野である「祈り」「瞑想」の方法について解説し、誰もがカンタンに「願望を潜在意識に刻印」することができるようにしたいと思う。

願望は、確実に潜在意識に刻印されたなら、それはやがて現実化する。

しかし、これまでみてきたように、刻印するためには、いくつかの条件がある。

1. くり返し効果

2. 感情を伴わせること

3. 意識の反発を受けない状態

この三つは最低限守って、願望を潜在意識へとバトンタッチさせたいものだ。ここで少しくわしくその応用までみてみよう。

1. くり返し効果について

前でも触れたが、たとえば、ある飲料水について、昔なら「スカッとさわやか」今なら「ノーリーズン」というと、商品名が出てくる人は多い。なぜだろうか。

それは一回でなく、長期間にわたってくり返し効果が働いているからだ。記憶に知らないうちに刻みこまれてしまっている。

もちろん、一回切望しただけでも、それが強力なものであれば、潜在意識に刻印されるということはあり得るが、一般的には何十回と、くり返す必要がある。

この場合に、願望の表現の仕方を、「進行形」にしたり、「断定形」にするような技術がある。

「なりたいなあ」というのと「なりつつある」とか「すでになった」というのとでは、印象が異なるのがおわかりだろう。願望の表現の仕方をこのように工夫することで、意識の反発を抑えることができるのである。

2. 感情を伴わせること

潜在意識に刻印するためには、それが「強い願望」である必要がある。その強さというのは、そこに感情が伴うかどうかというのが決め手になってくる。

どうしても実現させてみせる、という強い願望。夢が叶ったそのときをイメージして、湧きあがってくる喜びの感情。

どうしてもやらずにはおかないぞというのは、情念というのか、燃えるような感情であろう。

ある意味、逆境というものも「何としてもこの状況を打破してみせる！」という強い情熱が湧き上がり、潜在意識の刻印においてプラスに作用するものであろう。

ピンチはチャンスということは、潜在意識のレベルでみても、うなずけることなのである。これについては後ほどくわしく触れることにする。

3. 意識の反発を受けない状態

願望が潜在意識に確実にバトンタッチされると、ゾクッとするようなスリルを感じるのだとマーフィーは説いている。その感覚がわかったなら、潜在意識への刻印もずっと楽になるだろう。しかし、「意識の反発」を受けると、その「ゾクッとするようなスリル」を感じることができないのである。

特に、スケールの大きな願望、まさか実現するとは思えないような中身であると、祈ったり、イメージしたり、唱えたすぐ直後に、意識が否定してしまうことが多い。するとそれは確実に潜在意識に刻印されるとは言いづらくなってくる。

これはくり返しになるが、願望刻印には最適な時間は、起床直後と就寝直前であるといえそうだ。

なぜなら、起きてすぐのボーっとした状態のとき、一日の仕事の疲労でもう難しいことを考えるのも面倒な時間。共に、理性の働きは低下しており、「意識の反発」が起こりにくいのである。この時間に合わせて、あなたの願望を刻印していくようにすると、より早い願望実現がなされていくはずだ。

心の中のスクリーンに絵を描く

ここで、マーフィーが説いている「心の映画法」と呼ばれる方法をご紹介してみよう。

実際にマーフィー自身も、また、彼が毎週前にした一五〇〇人という聴衆も、ラジオの聴取者を始めとする彼の講演を聴いて実行した人々も、多くが実際に効果を得た方法である。

マーフィーはアメリカの中西部の諸州で講演を行ったことがある。その際に、この地で事務所を設けて、仕事ができることを願った。

このときに用いたのが、この「心の映画法」である。心の中のスクリーンに、自分が中西部の州の聴衆たちを前にして語りかけているシーンを想い描いたのだ。そして、想像の中で聴衆をはっきりと実感し、実在しているのだと感じとった。もちろん、この想像上のスクリーンで聴衆を前に演じている〝映画〟はやがて潜在意識にうけわたされて、〝現実〟というスクリーンに映し出されることを信じたのである。

この時のマーフィーは、自分の説いた理論通りにことを進めていった。まずソファーにリラックスしてくつろいだ体勢になった。つまり、潜在意識に願望が到達しやすい「身構え」をとった。

その上で心の中のスクリーンに、自分の願望が実現しているという想像上の映画を上映したのである。

実は、潜在意識に願望が受けわたされたことを感じられるというシグナルがある。それは、「平和な気持ち」と「満足感」である。

もちろん、心の映画法の最中にも、マーフィーはそのシグナルを味わったのである。

そして数日後、マーフィーは一通の電報によって、願望が現実化したことを知った。

中西部のニューソート系の協会からの講演の依頼だったのである。そしてマーフィーは数年にわたり、自分のスクリーンに上映したのと同じ場面を現実に味わうこととなった。

もちろん、この方法はマーフィーだけに通用するのではなく、万人が活用できるものである。

わたしは、研修や講演を年に二〇〇から二五〇回ほど行なっている。

といっても、今では全く自然に、友人と会話するのと同じ心境で話を進められるが、始めからそうではなかった。もともとスピーチが得意でなく、二〇代の始めは日本中の有名な「話し方教室」を回り続けて、何とか克服しようと努力していたものである。

そのとき、マーフィーが行なったという「講演前の視覚化」というのは、とても有効だったと記憶している、というか、今でもそれが役立っているのだろう。

講演会場を心の中に想い浮かべて、そこに大聴衆がやってきていることをイメージする。さらに「視覚」のみならず、その聴衆たちの「声」という「聴覚」も用いるのがマーフィーのユニークな点である。もちろんイメージの中で、である。

聴衆がマーフィーに対して、「すばらしかった」とか「癒されました」というような フィードバックのことばを口にしているところもはっきりと心に映像化したという。

わたしは「ありがとうございました」とか「すばらしかったですよ」と言われているところを多くイメージしたように記憶している。よく考えてみると、これは今になって毎日のように受講者や聴衆に言われていることなので、潜在意識の力といってよいのかもしれない。

そのためであろう。わたしも本書を書きながら、「よし、さらに上のレベルをイメージしてみよう」という、モチベーションがマーフィーによってもたらされた。わたし自身も、マーフィーによって今も勇気づけられているのだ。

「置き換え」でマイナスイメージを打ち消す

第二章で「マイナスイメージを打ち消す」ということを述べたが、ここではその方法についてマーフィーの言葉を中心に検証していきたい。

過去のマイナス想念を、イメージの世界で払拭してしまうには、「置き換え」の技術を用いる。といっても、難しいものではない。

仮に、過去のマイナス想念が器の中にいっぱいに入っていたとしよう。これをいきなり捨ててしまうのは難しいものがある。しかし、少しずつ、仮に透明な水を一滴ずつでも休みなく注いでいけば、やがて、器はきれいな水で置き換えられていっぱいとなる。いうまでもなくこれはたとえであるが、マイナス想念は、休みなく「肯定的な想い」という水で満たしていくことによって、器はすべてプラスの想念となり、わたしたちの現実は成功、富、繁栄でいっぱいの世界に変わる。

この辺のところをマーフィーは次のように説いている。


「失敗、欠乏、反感に関する考えを改め、発展、成功、幸福へ転換を図りなさい。常に考えているものをあなたは所有することになるからです」

「あなたは自分の考え方を変え、肯定的な考え方を持ち続けることによって、過去のあらゆる過ち、欠点、失敗を建設的なものに転換することができます」（『マーフィー珠玉の名言集』産能大学出版部）

そして、肯定したものについては、それを極力キープしていくことを心がけることが願望実現においては欠かせないことになる。

肯定思考、富、成功、繁栄、豊かさ、平和といった想念は車でいうとアクセルを踏むことにあたる。

しかし、同時に否定して、貧困、怒り、欠乏、不幸、病に心を集中してしまうとそれはブレーキを踏むことになる。

おわかりのように、アクセルを踏みながらブレーキを踏んでいたのでは、車は前に進んでくれない。

願望実現のためには、ブレーキを踏まずにアクセルで加速し続けていくことだ。

「いったん肯定したものを打ち消さないようにしなさい。それは酸にアルカリを混ぜるようなものです。あなたの良きものを中和しないように」（『マーフィー珠玉の名言集』産能大学出版部）

潜在意識の力を信じて「祈る」

祈りは、「何とかお願いします」「神様」でも「仏様」でも同じだが、他者に、他力に頼ってしまうことである。

マーフィーの願望実現法では、この対象となるのが「潜在意識」ということになる。潜在意識の力を信じることが、祈りの大前提であり、建物の土台にあたる。これをもしも信じていなかったら、いくら祈ってみてもそれは形だけのことにしかすぎなくなってしまう。

潜在意識の力を
①信じる
②任せてしまう

この②の「任せてしまう」行為こそが、「祈り」である。

あえて言葉にしてみると、

「わたしは潜在意識の無限の力を信じています。ですから、わたしの願いを叶えて下さい。どうかお願いします」といった内容となるだろう。

仮に東京から新大阪行きの新幹線に乗ったとしよう。

このとき、あなたは、必ず新大阪に着くことを「信じる」はずだ。このことは特に意識はしていないが、むしろ「あたり前のこと」として見逃されがちである。信じているからこそ乗ることが可能になる。

潜在意識への願望インプットとなる「祈り」は、大前提として潜在意識の力について信じることが欠かせない。

だから、もし今、「潜在意識の力というのは、本当にすごいのだろうか?」という疑いが心にある方は、まずそれを取り除くことがスタートになる。

祈りの「好転反応」に驚かない

潜在意識の活用ということを説いて、様々な人と接してみると、半数近くの方たちに共通したことがある。

それは「反応」が出てくることだ。これは、潜在意識が強く働き始めたという、いわば浄化作用のシグナル的なものだと考えてもらいたい。


わたしは昔、修行のひとつとして「断食」を行なったことがある。心身の強化、改善が食を断つことによってなされる。

特に飽食の現代人は、「あえて自分の意志で食べない」ときを作り出すことで、意志力の強化は確実になされる。また、生活習慣病の多くは生活の一部である「食事」によって、かなり改善されるのだ。

さて、この断食を始めると、「好転反応」と呼ばれる一種の浄化作用が行なわれてくる。つまり、体の悪い箇所があると、それがさらに強い反応として一時的に出てくる。

そこで、この時点で、やめてしまう人も出てくる。

「大変だ、やっぱり食を断つなんていうことはよくないんだ」

となるわけだ。

しかし、この好転反応の時期が過ぎると、頭も体も軽くなり、若返り、生まれ変わりというのに近い感覚が味わえる。

同じような例をあげてみよう。仮に、何百億というような財産家を願望としたとする。ところが、マーフィー式にやってみたら、さらに支払いが増えた。一時的な出費がどういうわけか続いたりもしてしまった。すると、「何だ、効果がないじゃないか。むしろ悪くなった」とやめてしまうことになる。

しかし、「よくなる直前には一度悪いものがすべて浄化されて出てくる」という好転反応があることを知ったなら、そこでまだやめてはならないことがわかるだろう。

これは、いわば「夜明け前が一番暗い」というのにも似ている。

祈りの方法のポイント

マーフィーは、祈りの方法として、次の三点を強調した。

1. **リラックスしておだやかな心で**
2. **真剣に**
3. **シンプルに**

少し説明を加えておこう。

先に「信じる」、そのあとに「任せる」ことが大切だと説いた。

ここでいう任せるというのは、「必ず実現させる」などというのとは全く異なる。マーフィーも祈りにおいては「力んだり、強制するのはタブー」なのだと説いている。

くり返しになるが、眠る直前や起床後の、あまり理性の働いていない時間帯は、潜在意識に願望の入りやすい時間になる。このリラックス時に、おだやかに、静かな心で祈ってみたい。

だから、感情が乱れておだやかになりたいときには、祈りに入るタイミングをみて、心が安定したときに祈るように習慣づけよう。

真剣に祈るというのは、そこに集中するということだ。初詣に行って、年頭の誓いを立てるのと同じように純粋に、真剣に、その願望が潜在意識の力によって必ず実現していくのだと信じる、そしてあとはもう大いなる力に任せきってしまってよい。

「リラックス」と「真剣さ」というのは、実はバランスが大切だ。

リラックスしすぎてしまうと、仕事ならうっかりミスをしたり、眠ってしまう。といっても、真剣になりすぎてしまうと、肩に力が入ったり、緊張につながってしまうこともあるから注意したい。

「必ず実現する」ということだけに集中して思いを寄せていって思って欲しい。

ポイントとなるのは特に三番目の「シンプルに」ということだ。

わたしはプレゼンテーションの指導も行なっている。すると、たとえばパワーポイントでスライド作成を行なうと、どうしてもデータを盛りこみすぎてしまって、逆に言いたい点がぼやけてしまう例が多い。

この時のキーワードとして、「KISSの法則」ということを伝えている。

これは

KEEP　IT　SIMPLE　AND　SHORT

の略である。

つまり、情報はより簡潔に、簡略化したほうが、より強い多くのインパクトを与えることが可能となってくる。

そこで、もちろんすべてのスライドではないが、ときとしてポイント数を極大化した文字で「経費削減」とか「残業の増大」などというように主張、問題点等を強く打ち出してみる。すると、インパクトは増すのだ。

ここでいいたいのは、潜在意識への願望のインプット、祈りについても同様だということだ。

マーフィーも祈りそのものについては、「長さは必要ではない。簡潔で短く」といっている。まさにシンプル、ショートという「ＫＩＳＳの法則」であろう。

たとえば

「わたしはどうしてもクルーザーが欲しいのです。何とか叶えてください。信じています。お願いします」などと祈ったのでは長すぎてしまい、かえって潜在意識に与えるインパクトは弱くなってしまうのだ。

そこで、応用技として、先述の「所有意識」の先取りという手を、潜在意識への感謝のことばに反映させてみると、インパクトが出てくる。

たとえば

「クルーザーが手に入りました。すばらしいことです。ありがとうございました」

「クルーザーで航海に出ることができました。ありがとうございます」

といった感じになる。クルーザーの部分は、読者の願望にいろいろ置き換えて考えてみるとよいだろう。

つまり、「すでに現実にそうなった・実現したので、これも潜在意識の力のおかげです。大変ありがとうございました」ということをことばにしていくのである。かたちとしては、「すでに手に入ったので、ありがとうございます」という文を作るということになる。

そのフレーズを、リラックスした状態で、真剣に祈っていくことで、願望は実現してしまう。

完了形の祈りにして、「ありがとうございます。ありがとうございました」と感謝のことばを付けよう。

何かしてもらったり、物を贈られたら普通は「ありがとう」と口にするはずだ。願望の実現という贈り物をくれる潜在意識に対して、あらかじめお礼のことばを口にして祈るようにするわけである。

わたしたちは日常的にすでに祈っている

ここまでの「祈り」というのは、先述したような手を合わせたり、姿勢を正すような、「祈る」行為を意識したものである、特に、初心者には、「今、わたしは祈っているんだ」という心が、真剣な祈りとなって、効果をあげてくれる。

祈る、ということが習慣化してきたなら、さらにマーフィーの見解を紹介してみる。それは、特別に「祈る」こと以外にも、「わたしたちは日常的にすでに祈っている」という考え方である。

これは、潜在意識に対しては、日頃のポジティブ、前向き、プラス思考がなぜ大切かの理由にもなる。

それは、「すべての思考と感情が祈りになる」というものだ。

「よし、必ず実現させてみせるぞ！」という強い信念。

「手に入ったらいいのになあ」という強い願望。

「二度とこんな思いはしたくない、いやだ、何とかくり返さないようにしたい……」

というわたしたちの感情の波。

すべて祈りとして作用するということだ。


基本的に祈りというのは、「こうなりたい」「こんなものが欲しい」というような理想の願いである。だから、日常的に決意、信念、理想、プラスのイメージ等を心に描いている人はそれがそのまま祈りになっていると知ったら、おそらく日々のあなたは大きく変わっていくはずだ。

始めは、「これから祈ろう」と意識することにして、くり返し実践していく。一日の中で、祈りの時間をとってもよいだろう。

そして、なれてきたなら、特別に時間を設けるようなことはしなくても、習慣的に考えたり、感じることはそのまま祈りになっていくものだ。

「習慣的な考えが祈り」とはマーフィーの言葉である。

朝、口に出したいことば

習慣的な考えをよくしていくためには、まず一日のスタートである朝によいイメージを心に描き、よいことばを口にしていくのがよい。

そこで、中村天風のことばと、エミール・クーエの「自己暗示」として有名なフレーズを紹介しておくので、毎朝口に出して唱えてみて欲しい。毎日のくり返しで、必ずあなたの思考はよい方向に向かっていく。

朝旦偈辞《げじ》（甦りの誦句）

吾は今　力と勇気と信念とをもって甦り、新しき元気をもって、正しい人間としての本領の発揮と、その本分の実践に向わんとするのである。
吾はまた　吾が日々の仕事に、溢るる熱誠をもって赴《おもむ》く。
吾はまた　欣びと感謝に満たされて進み行かん。
一切の希望　一切の目的は、厳粛に正しいものをもって標準として定めよう。
そして　恒に明るく朗らかに統一道を実践し、ひたむきに　人の世のために役だつ自己を完成することに　努力しよう

（天風誦句集（一）　財団法人天風会より）

エミール・クーエはフランスの医師で、クーエの説いた「自己暗示」法は、その後もかたちを変えて各国で応用されている。英訳でクーエ自身が一番好んだ訳を紹介しよう。

DAY BY DAY IN EVERYWAY
I'M GETTING BETTER AND BETTER

わたしたちが唱えたいのは、その邦訳で、一般には次の文句が知られている。

日々に　あらゆる面で　わたしはますます　よくなっていく

祈りのフレーズとしてもシンプルであり、くり返したいものだ。

瞑想と祈り

先述したように、願望→実現する、というようなかたちで、その間のプロセス、実現させるための手段をあれこれと考えないのが、また、考えなくても実現するのが、「マーフィー流」である。

ただし、その間に「やるべきこと」はある。それが、すでに何回も登場したことばである「瞑想」であり「祈り」だ。これをしっかりとくり返して実行していったなら、わたしたちの願望は必ず叶うといってもよい。

そこで、これからこの瞑想と祈りについて、わたしがこれまでに学んだり、実践してきた具体的な方法をお伝えしたい。

「これに気付くまでに何年もかかった」というようなエッセンスを、せっかくだからここに公開しておこう。

瞑想のポイント

わたしは、インドのヨガアシュラム（道場）でも瞑想したし、また、日本の禅寺でも何カ所かで坐禅を行なってきている。ときとして、企業の要望で「禅寺研修」を行なうこともある。

その体験から比較すると、同じ「瞑想」「坐禅」といっても、あまり細かな方法にこだわらないのが〃インド流〃で、こだわって細部までやり方を決めているのが、〃禅流〃といえる。もちろん、ヨガにも坐法というのはあるのだが、禅ほどには、うるさくない。たとえば、坐禅というと一般の人が思い浮かべるような、警策で叩くようなことはしない。

ただ、「瞑想」について、わたしの体験からいえば、初心者のうちは、ある程度の〃型〃の通りに行なったほうが、目的は達せるものだと思う。

目的というのは、本来なら、「真の自己実現」とか「悟り」であるのだが、ここでは「願望実現」という目的なのだと思っていただいて構わない。

瞑想の〃型〃のポイントは、次の三つを満たすことである。

①　上半身、特に首や肩、腕の力を抜くこと

（力の入った状態を実《じつ》、抜いた状態は虚《きょ》と呼ばれている）。上半身の力を抜く「上虚」

は、瞑想のみならず、その道のプロならすべて行なっているものだ。

ところが初心者は何をやっても、コツがつかめていないから〝実〟となり、「もっと肩の力を抜いて」などといわれてしまうことになる。

② 背筋をしっかりと伸ばすこと

これはヨガでも禅でも共通していることだ。ちなみに坐禅は「座」と書かずに、昔は屋根のない戸外で行なったために、屋根を表す「广」をとって、「坐禅」と書くならわしであった。

これに気付くのに何年も要したのだが、後で「どうやったら背筋がしっかり伸ばせるか」というコツをお教えしよう。ただ「背筋を伸ばして」というと、背筋は伸びたものの、上体に力が入りすぎてしまうことが多い。リラックスしながら、しかも背筋の伸びる方法がある。

③　重心は下、お腹（丹田）に集中させること

〝あがり〟というのは、重心が上がることからきているという位に、あがり症の人はフラフラしたり、上半身は「実」の状態となっているものだ。

瞑想中、心は丹田に集めるのが理想である。「肚(はら)」とか「胆力」とか、「腹芸」とか「太っ腹」の意味するような「ハラ」一般はこのことを示しているもののようだ。

瞑想中は、この三つのチェックポイントを実践して初めて効果も高いものになる。

さらに、これらに加えて、「力を抜く」ためのヒントをお伝えしよう。それは、逆に極限まで力を入れることだ。するとおもしろいもので、必ず限界がきて、そのあと一気に力が抜ける。

「力を抜こう」とすると、かえって緊張してしまうものであり、その逆に「力を入れられるだけ入れてみよう」とすると、そのあとに自然に力が抜ける。

たとえば、拳を思いきり握りしめて欲しい。一杯までやると、力を抜かざるを得ないはずだ。

「上虚」を生み出すためには、たとえば両肩を息を吸いながらぐっと上に上げていく。これ以上無理になったら、ハァーと息を吐いて肩をおとす。何回かくり返すだけで、かなり肩の力は抜けるし、軽くなってくる。

あとは首、肩を回したり、伸びをしたり、上体をねじったりして、コリをほぐしておきたい。

次に背筋の伸ばし方。

瞑想のチェックポイントは、あたかも車の運転を習いたての頃に似ている。ひとつに気をとられると、他方がおろそかになってしまう。

意識して背筋を伸ばそうとすると、肩や首に余分な力が入ってしまう。

どうしたらいいだろう。

それは、立っていても、座っていても同じなのだが、まっすぐ正面を見ることに意識を集中してみるのである。もちろん、背筋を伸ばすことも思うのだが、中心になるのは、とにかくまっすぐに前を見ること、と思って欲しい。

猫背になったり、肩に余分な力が入っていると、視線は必ずしもしっかりと正面に向いていない。それを、「まっすぐ正面に目を向ける」ことをするだけで、背筋が伸びてくる。

これは、いくつもの瞑想や禅の本を見たが、「背筋を伸ばす」ことと、「正面に目を向ける」こととを関連づけて書いたものはなかったので、本書の読者は新しい「コツ」を知ったことになる。

「頭が天井を突きぬけるようなイメージ」とか、「天井からつりさげられたイメージ」と説く人もあるが、上級者ならまだしも、初心者のうちであると、余分な力が入り「上半身が力の入った〝実〟」つまり、「上実」になってしまう。

まっすぐ正面に目を向けること、視線を仮に引いて伸ばしていくとしたら、床と平行になるようなイメージを持つことである。

「肚を練る」というのは、昔から武道の名人や、人間的な度量の大きい器量人が共通して行なってきたことである。

古い話だが、第二次大戦が終わり、連合国が「大日本帝国」を再現させないために、柔剣道は禁じられた。これは逆にいうと、武道の鍛錬によって「肚が練れて」さらには死をも恐れない器量、度量の広い人物となれるといってよい。

「剣」と「禅」というのは、昔の日本、たとえば維新の志士は一人のこらず鍛錬していたものである。このトレーニングは共に「ハラ」のすわった人物になるため欠かせないものだ。

さて、肩や首の力を抜いて、背筋を伸ばす、しかしこれだけでは不十分である。どこかに意識を集めることが必要だ。あるいは、力の入った（といっても緊張しているのとは異なる）、充実した部位が体の中心として必要になる。

それが、ヘソ、肛門、ヘソの下三センチ位の「点」を結んだ三角形の中心にあたる「丹田」である。

もちろん、実際に目に見えるものではないし、〝感覚〟でつかむものであるから、日々のトレーニングの中で、「このあたりが丹田なのかな」という感覚をつかむ必要がある。

初心者のうちは、「上虚下実」、つまり上半身の力が抜けて、丹田に力のこもった状態を早くつかむようにしたい。「頭寒足熱」というのも、この「上虚下実」と意味するところはとても似ている。

シュルツ博士の「自律訓練法」でも、禅のメソッドをとり入れており、そこでの「額が涼しい」とか「お腹があたたかい」というイメージも、意味は同じだ。

そこで、「丹田」に力のこもった状態を早くつかむために、初心者に勧めたいのは、次の二つだ。

ひとつは、「お腹があたたかい」というイメージをもつことだ。口に出して言うともっとよい。くり返すうちに、イメージの力によって血流も変化してくるものだ。

もうひとつは、これは中村天風師も〝感情のコントロール〟としていっている「肛門を締める」ということだ。これも、くり返していると、丹田に力のこもってくるのがわかってくる。

以上の三つのチェックポイントを、「瞑想するときの型」として、しっかり確認して欲しい。

潜在意識への「刻印」のヒント

願望の潜在意識への「刻印」について、ここでは、さらに参考、ヒントとしていくつかのことをつけ加えておこう。

瞑想時に願望のインプットを行なうのだが、このときには五感を用いて、音や動き、香り、手ざわり等を合わせてイメージするとよいのはすでに述べた通りだ。

それは、別のいい方をしたなら「リアルさの追求」といってもよい。よりイメージを現実そのもの、リアルなものだと感じるかが、その実現への鍵となってくる。

基本的に、潜在意識は、「本当だと信じたこと、イメージ」と、「現実」とを区別しないものだ。この双方を、「現実」としてとらえる傾向がある。

だから、「願望のインプット」については、様々な「イメージを現実と思わせる工夫、手法」があるのだ。

わたしは二〇歳のときに、当時著名であったヨガの先生の付き人をしていたことがある。その先生は名古屋の人だったので、東京でテレビの収録がある、というときなどカバン持ちをしたものだ。

先生は当時三〇代前半だったのだが、「マーフィー」の説くような潜在意識についても面白い〝技〟を実践していて、身近にいてわたしも大変勉強になった。

潜在意識への願望の刻印にしぼって、二、三のエピソードをご紹介しておこう。

チャンネルを変えろ！

ヨガ道場での話。

ちょうどテレビニュースをやっている所で、先生と生徒達が会話していた。

すると、ニュースで突然、火事のニュースが流れ始めた。そのとたんに、先生が、テレビの近くにいたわたしに向かって
「松本、チャンネルを変えろ!」

という。

「そんな否定的なニュースを聞いていると、潜在意識に入ってしまうから」

というのである。そして、メカニズムとしては、そのインプットされた「マイナス」「否定的」なものに合った現象が、現実の自分に起こるということになる。

これは、わたしたちが潜在意識へ願望をインプットするときに忘れてはならないものである。

特に、「何気なくニュースを見ているとき」「仲間と気楽に会話しているとき」というのは、理性の力が弱まっていて、最も潜在意識の受け入れ態勢が整っている時間帯のひとつである。

だから、その「マイナスが入る」と思った瞬間に、それをインプットさせない工夫が必要になる。

これは「テレビ」のみならず、自分の思考のチャンネルをマイナスからプラスに切りかえることと思って欲しい。

睡眠学習という信念強化

名古屋から東京へ出張してきていた先生は、「今から一五分眠るから」といって、道場で横になり、アイマスクをすることがあった。

ある時、いつものようにアイマスクをしたが、耳にはラジカセからイヤホンをしている。

「睡眠学習をする」ということだった。中身としては、NHKのフランス語会話だったと思うが、そう複雑なものではなかった。

しかし、「睡眠中に聞いた情報は、潜在意識に入っていき、学習効果があがる」という信念のもとに、その方法を行なっているようだ。

ここでは、「睡眠学習」に本当に効果があるかどうか、ということは、実はあまり大きな問題ではない。

「これは効果がある」という信念のもとに行動をしたなら、やはりマーフィーのいうように「想いは現実をつくる」のであるから、本当にそれは現実になってしまう。

それから数カ月後、フランス語を全く知らなかったはずの先生が、道場に来たフランス人と「フランス語で」会話している光景を目撃した。

まさに、「信念は力」となる。

この短期間での語学力アップは、「睡眠学習効果がある」という信念が原動力となったといえよう。これは「睡眠学習」を他におきかえて考えて欲しい。あなたは、「信じた通りになれる」ということだ。

マネキンの首すげかえ

次の例は、もしかしたらマニアックに感じられるかもしれないが、「潜在意識開発」につながる、イメージ力強化の一方法としてとらえてもらいたい。

ある日、名古屋の先生のもとに行くと、不思議なものが道場の奥にあった。そこには、「首のないマネキン人形」が何体かあった。

「先生これは何ですか？」

実は、〝イメージ力〟の強化法として、現実に成功した人の「顔」「首から上」に自分の顔をダブらせてイメージする方法を、この先生は行なっていた。

たとえば、雑誌で経営者の特集を組んでいて、その人の豪邸を紹介していたとしよう。すると、その人の顔写真の顔、つまり首から上の部分を切り抜いたり、イメージの中でもいいから、「自分の顔」におきかえて、「自分は今、こんな豪邸に住んでいる」とイメージ力を強化するのである。

そのトレーニングを、ひとりでマネキン人形を用いて行なっていたのであった。

ここまでやることはないかもしれないが、徹底していったなら、こんな方法もあるということだ。

ピンだらけの日本地図

東京道場の事務所には、大きな日本地図がはられていた。

ある時、その地図の至る所に、ピンが立てられていた

「これは何ですか？」

「そのピンの立っている所に、これから道場の支部をつくるつもりなんだ」

「でも、まだ、東京は池袋のサンシャイン60と横浜の関内に支部があるだけではありませんか？」

「将来こうなると強くイメージするために、あえて日本地図にピンを立てて、目に見えるかたちにしたんだ」

やがて、そのピンは現実のものになり、やがては、フランスやブラジル、韓国と台湾、オーストラリア、それは世界に広がり、現実化していった。貼られたのがいつか世界地図になっていたのはいうまでもない。

そのわたしの恩師である先生は、「現代ヨガ」を広め、日本中にブームを起こし、今は「自由人」として、著作に講演にと海外でも活躍しておられる。

頭の中だけで「イメージしよう」というのは難しいものである。そこで、この「地図」「ピンを立てる」というように視覚化することは、潜在意識へのインプットに大いに役立ってくれる。

次にわたしが行なって、やがて現実化したいくつかの例を挙げてみよう。

基本的には、本人が「心の底から現実化したい」という強い想いのあることが欠かせない。

文庫本を出す！

わたしは二八歳のときに本を出すことができたが、その当時の夢は「文庫本」を出したい、というものだった。自己啓発本を読むのが好きだったので、よく読んでいたM書房から本を出したいと強く願った。

そして、先の「マネキン」に似せて、まずM書房の文庫を一冊準備した。

書名、著者名の部分をハサミで切りとり、代わりに自分の名前、架空の書名を入れて、手製の「自分の文庫本」を作った。

そして、願望は潜在意識にインプットされた。それを実現する方法は、「マーフィー流」であり、あらかじめアレコレと考えなくてよいのである。

すると、全く別の出版社で出した本を、「これをベースにしてまとめてくれませんか」という話が向こうからやってきた。

そして、『頭の良くなる記憶術』という本が出された。

これは偶然でなく、潜在意識の力だと思える人は、マーフィーの理解の進んだ人である。

車を手に入れる！

わたしはあまり、心の底からの願いで「物」が欲しいと思うことは少なかった。

そんなある日、知り合いのコンサルタントが「外車を買ったんだ」といって、同乗させてくれた。

それはアルファ・ロメオであったのだが、そのとき、わたしは珍しく、「外車もいいかな」と思った。そこで、わたしのやったのは、自分の欲しい車を見つけて、その横で写真を撮ることだった。そして、「これは自分の車だ」と強くイメージするのである。もちろん、瞑想中に、写真を眺めながら行なう。

たまたま、わたしはそのときに、所用でシンガポールにいたのだけれども、そこで写真を撮り、日本に帰る前にくり返した。

時間的には三カ月かからなかった。マーフィーの本のエピソードのように、人からもらったのではないけれども、望んだＢＭＷを手にすることができた。

わたしの知人でも、同様の方法でベンツを手にした人が二人いる。といっても、会社社長と医者なので、もともと潜在意識の力を用いなくても、と思う人もいるだろう。ただ、この二人ともに、「社長になる」「医者になる」のに、潜在意識の力を活用したことを加えておく。

二四、五年前、医者の方の友人は、まだ学生だった。毎日のように、「丹田」とか「ヨガ」とか「潜在意識」の話をしていた。また、格闘技マニアなので、武道の話でも盛りあがっていた。

その当時から、「東洋医学と西洋医学を融合させた医療をやっていくんだ」と熱く語っていた。

そして、今はプラセンタ療法や、東洋医学を融合させたクリニックを展開している。「心の底から強く願い続けたら、それはやがて実現する」のである。

細かくは例を出さないが、他にも結婚やベストセラー、旅行、健康……、大小様々なことで、わたしは潜在意識の力を用いてきた。

というよりも、誰でも潜在意識の力を活用しているし、これなしには人は生きていけないといっても過言ではない。

第四章　マーフィー、驚異のエピソード

マーフィーの教えに従って成功した人たち

ここでは、マーフィー自身が紹介しているものを中心に、実際にマーフィーの教えに従って成功した人たちの実例をあげてみよう。

もともと成功の定義というのは、その人本人にとっての「価値ある目標」の段階的な実現であるといわれる。マーフィー式は、いきなりゴールにきてしまうこともあるので、即効性のあるものだといえるだろう。

〈結婚できた話〉

マーフィーの潜在意識の講演を聴いた七五歳の婦人の話。

彼女は、潜在意識のパワーを信じて、幸せな結婚ができることを望んだ。くり返して、〝感情〟を伴なった祈りを行なった。

彼女が祈ったのは約二週間。そして、彼女はある薬剤師と出会い、プロポーズされたのである。

彼女の場合、年齢的なことを考えたなら、かなりの時間、集中して祈ることができたのであろう。〝集中〟というのも、マーフィー流の成功法ではキーワードになる。

（結核が治った話）

マーフィーの親類が、結核に冒された。

その患者の息子は、「ヨーロッパでは有数の治療効果を発揮する修道士に会った」と病床の父にいった。もちろん、この話そのものは、息子が父を治そうという一心で創作したものである。

そして、「本物の十字架の一片を手に入れることができた」といった。

信仰心の厚い父は、その話を信じた。

また、息子は念を入れて、本当は拾ってきた木の切れ端に指輪を組み入れたのである。

「これに触れただけで、みんな治ったんだよ」

という息子の言葉は、そのまま父の潜在意識へと深く入りこんだのである。「病は気から」という「気」は、言うまでもなく人の想いであり、それは潜在意識へとインプットされたときに、驚くべき力を発揮してくれるものである。

その偽の十字架を抱いて眠った父は、何と一日で完治してしまったのである。

マーフィーは、イメージと信念の力が合い、父が治ったと断言している。

〈遠い場所にもパワーは通じる〉

マーフィーのラジオ番組の聴取者が、心筋梗塞で倒れた母のためにお祈りをした。娘はロサンゼルスに、母はニューヨークにおり、物理的には離れている。

心をこめて、深く、強い祈りを娘は行なったところ、わずか二～三日の間に、ニューヨークの母親が回復したのである。

ここからわかるのは、潜在意識というのは必ずしも自分のみに作用するのではないということだ。

この母娘のように、たとえ遠く離れていたとしても、真剣な強い祈りのパワーは通じる。一人ひとりの意識は、深層では大海のようにつながっているからだ。

さらに、実の親子のように強いきずなは、その祈りの力を倍増させるものでもある。

（マーフィーの妹、キャサリンの例）

マーフィーの妹キャサリンが胆石の手術をすることになった。

妹はイギリス、マーフィーはアメリカにいた。しかし、その距離を全く気にせずに、マーフィーは妹のために祈り続けた。

驚くことに、この祈りが二週間続いたら、妹の石はあとかたもなく、レントゲンにも映ることはなかった。

これには、当のキャサリン自身も不思議に思ったという。

マーフィーは、自分の理論の正しさを彼自身の実践の中で、証明している。

（医者になった少年の話）

マーフィーが、オーストラリアで一人の少年に出会ったときのこと、話をきいてみると、少年は医者になりたいという。

しかし、勉強するだけの経済的な余裕は少年には全くなかった。

少年は、病院の窓ふきや修理を行う仕事をしていただけである。しかし、掃除中に病院や医師をみて、「自分も医者になりたい」という思いを強くしたのである。

少年がやったのは、今までの例のような、〝祈り〟ではなくて、〝イメージ〟の活用であった。

しかも、潜在意識に願望がインプットされやすい、「眠りにつく直前」にイメージをくり返したのである。これは、わたしたちも全く同様に活用することのできる方法だ。

少年は、自分の名の書いてある医師免許が壁に貼ってあるシーンをイメージした。しかも、インプットするための「強調」も行なった。名前が大きく肉太の字で書かれてある免状をイメージしたのである。

潜在意識への願望インプットは、ややもするとモノトーン、単調なものになりやすい。そこで、あえて一カ所、この少年の「太字の名前」のように強調ポイントをつけてイメージしてみるとよい。

やがて、病院の医師が少年を助手として、さらに学校まで行かせてくれた。結果、カナダで少年は医者となって働くことができたのである。

少年の願望が実現したのは、約四カ月後であった。

〈信じることのこわさ、マーフィーの親類の例〉

また、これらの例とは別に「悪いことを信じてしまうこと」の恐ろしさを知らせてくれるエピソードもある。

マーフィーの親類のひとりが、インドで水晶占師にみてもらったという。

この占師はとても有名で、よく当たるのだという評判である。当然、親類はそれを信じて占ってもらったところ、最悪の内容であった。

それは「次の新月に、あなたは死ぬ」という宣告であった。

一〇〇パーセント信じてしまった彼は、遺言まで用意した。そして、何と占い通りに本当に死んでしまったという。

マーフィーは、彼の「考え」と「感情」がこの死をもたらしたと説いている。

この〝考え〟と〝感情〟こそは、潜在意識に願いをインプットしていくためには欠かせないものだと知っておこう。

(オーディションに受かった女性)

歌手志望の女性がいたが、すでに三回、オーディションに落ちていた。どうして彼女はこの状態から抜け出すことができたのだろうか？

一日に三回、自分は落ち着いて、自信をもってオーディションに取り組めることを「感情と共に」くり返し唱えたのである。

一週間続けた彼女は、自信をもってオーディションに取り組むことができて受かった。

ここでのポイントは、「くり返し効果」であろう。普通の人であれば、一〇日に一回だけ強く願うよりも、毎日三回、やや弱い祈りであったとしても、くり返すことでそれはやがて、潜在意識深くに入り込んでいくのである。

この辺は、自分の性格に合わせてみてもよいだろう。強く念じることのできる人は、やや回数を減らしたとしても、念じる時には深く強く行なうとよい。あるいは飽きっぽいか、念じる力の強い人もそうだ。逆に、あまり念じる力が強くない人は、とにかく回数で勝負してみるのが好ましい。

マーフィーの著者の中には、このような「日常的な願望実現」の話が数多く登場してくる。

日本でも昔から「一理三例」というように、ひとつの理論、理屈を説くには、最低三つの実例、具体例をあげるという。

ひとつ出すと三分の一、二つあげると三分の二が、三つあげると全員が納得するというわけだ。

その意味では、大小さまざまな実例によって、マーフィーは自身の理論の正しさを、万人に証明しているのだといえよう。

マーフィー流〝本の売り方〟

マーフィーの著書は三〇冊以上にのぼり、各国で翻訳されている。『Magic of Faith』がマーフィーの著書の中で一番売れたものであるという。

そんなマーフィーも、まだフランス語版での出版がない時点で、自ら潜在意識の力を用いて見事にフランス語版を出版することに成功している。

まず、マーフィーは自分がフランス語版の自著を「読んでいる場面」をありありと、あたかも現実であるかのようにイメージした。

さらに、フランス語圏に本が行き渡っているところをイメージして、この作業を二～三週間ずっと毎晩続けたのである。

やがてマーフィーは自著のフランス語版の出版許可の手紙をフランスの出版社から受けとったのである。

マーフィーはいう。現実とは、すべて「まず始めに心の中で起こっていること」なのだと。

わたしもマーフィーにならって、「出版物を外国で出す」というイメージをくり返したことがある。

たまたま、先のマーフィーがフランス語版で出版したというエピソードを読み直す機会があり、そこで、わたしも自分の本が外国で出版されるというイメージを、毎晩くり返してみた。すると、本当に、全く予想もしていなかった形で韓国の大手出版社から依頼が来て、話し方の本を出すことになった。

また、知人の潜在意識の研究家は、潜在意識の力を用いてベストセラーを出したことがある。

やり方を聞くと、書店の店頭で多くの人が自分の本を手にとって「すばらしい」といって、買っていくということをイメージするのだという。これはイメージの活用例といえるだろう。

マーフィー流〝家の売り方〟

ロサンゼルスのオーランドに、マーフィーの家があった。彼は、その家を売却しようとした。そこで、まず「売家、持ち主」という立て札を家の前に建てた。

そして、いつものように潜在意識に願望が刻印されるのに最適な「眠りにつく前」に、マーフィーは「家が売れたらどうなるか?」というのを自問した。

これはわたしたちもそのまま用いることのできる「技術」なのだといってよい。リラックスした時間に、「自分の願望が叶ったらどうするか?」を自分に問いかけてみよう。

マーフィーの場合は、「売家」と書いた立て札を引き抜き、ガレージに投げこむだろうというのが想像できた。

すべて想像の中ではあるが、「現実」なのだという実感と共に、立て札を引き抜いてガレージまで「かついでいく」という「触覚」も加わったイメージを潜在意識に刻んだ。

また、これもマーフィー得意のイメージの仕方であるが、ふざけながら立て札に向かって、「君にはもう用がない」というという「聴覚」も加えてイメージを続けた。

おわかりのように、イメージの中で肩にかつぐとか（触覚）、自分や人の声を聞く（聴覚）というように、できるだけ多くの五感を活用するのは、とても効果が上がるものである。

そしてこれも、いつものように〝満足感〟を得てマーフィーは眠りについたのである。

そして、何と翌日には、その家には買い手がついたのである。そして、マーフィーは前夜の想像と全く同様に立て札を引き抜き、ガレージに持っていったのである。

心に想い描いたことが実現したわけだ。そして、ここでのポイントは「家が売れたあとにどうするか」を考えて、そのことをありありと実感できるように、イメージした点である。

「想像力は人生を動かすエネルギーである」（J・マーフィー）

「信念」「直観」の力で救われる

マーフィーは「信念」そして「直観」の力によって、自らの命を救った、という体験があった。

マーフィーが一〇歳の頃、少年時代の話である。

当時のマーフィーが「信念」をもってその存在を信じていたのは、〝天使〟だった。この時代、両親の一言一言に子供は敏感に反応するものだ。

「天使を信じるのよ。困ったらお祈りしなさい。天使はジョセフを守っていてくれるのよ」

こういわれ続けていたマーフィー少年は、天使にいつも守られていることを疑わなかった。

そんな少年時代のある日、マーフィーと友人グループは、ジャングルに冒険旅行に出かけた。この年頃は、恐いもの、危険なことに向かっていくことがある。また、仲間から勇敢だと思われたいという欲求も強い。

ところが、ジャングルへと向かった少年グループは、裏道に迷いこみ、ついには本道を見失ってしまった。

「天使さま、助けて下さい。わたしたちはジャングルの中で迷ってしまいました。何とか抜け出られるようにお導き下さい」

手の平を合わせ、ただ一心に、マーフィー少年は祈り始めた。他の少年もパニック状態にあったが、マーフィーの祈りに見入っていた。

一分、三分…、五分…。マーフィー少年の祈りは続き、やがて一〇分にもなろうかという時だった。

見守っていた少年たちには、それは何時間も経ったかのような長い祈りの時間だった。

突然マーフィー少年は叫ぶ。

「あっちだ！」

それは、あたかも何かがのりうつったようでもあり、しかしそこには確信にも似た信念があった。

数人の少年はマーフィーに従った。そして残りの何名かは「そんなことわかるものか」とバカにして、別の道を歩んだのである。

レスキュー隊が捜索を始めて、少年たちを発見したのは二日後であったという。しかし、発見されたのはマーフィーと行動を共にした少年だけであった。別行動の少年はついには見つからなかったという。

ここでわかるのは、

祈り↓信念・信仰↓直観

という流れである。

マーフィー少年たちを救ったのは、「あっちだ!」というマーフィーの直観力であった。これは、理屈で考えたわけではなかった。

ジャングルの出来事より一年ほど前には、近くに住む農夫の息子が行方不明になったことがある。

このとき、農夫は「神」に息子がどこに居るのかを示してくれるように祈った。

すると、夢の中で、岩の傍で眠っている姿を、あたかも現実であるかのように見たのである。

そして翌朝、農夫が岩の近くに急行してみると、そこには夢の通りに息子がいたのを見つけ出したのである。

「神」「祈り」がキーワードとなるのだがここではもうひとつ、おもしろいことがあった。

それは、農夫が祈っていただけでなく、行方不明になった子供も祈っていたということだ。

息子もまた、「神」に「祈り」をささげていたのである。

農夫と息子と同様に、マーフィー少年の場合は「天使」「祈り」が救いの直観を生んだということである。

マーフィーの「天使」と農夫と息子の「神」は、実は質的には同様なものである。これは信仰の対象であって、各宗教ごとに対象の呼び方は異なっていても、祈り、信仰、信念の中身は変わらない。

基本的には、何を信じるのかは大きな違いは出ず、「信じる力」がポイントになってくる。

この辺のマーフィーの原体験が後の「マーフィー理論」「潜在意識の活用」「心の力」「信念の力」のもとになったのである。

臨死体験

臨死体験中は、通常では考えられない、次の四つのことを実際に体験するという。

1. **浮遊**
2. **一瞬にどこへでも行ける**
3. **光を見る**
4. **愛の感覚につつまれる**

「アメリカ人青年がアジアで亡くなったとする。ワシントンの親類のことを思うと、ほんの一瞬に何千マイルも移動することもできる」という意味のことをキューブラー・ロスは述べている。

また、京都大学教授のカール・ベッカーは、臨死体験中には「死者と会う」ことがよくあるのだと説いている。

マーフィーは、臨死体験中に、医者がマーフィーに触れたり、「もう死んでいるな」という場面を「上から見おろしている」ことに気付いた。これは先の浮遊であり、幽体離脱というような表現をされることもある。

現実の眼はないのに「上から」自分を見るという体験例は数多く報告されている。

そして、マーフィーも妹のいたベルギーやフランス、イギリスと、マーフィーがある国、土地のことを思うだけで瞬間的に移動することもできた。

そして、先のカール・ベッカーの説いているように「死者と会う」ことも、マーフィーは行っていた。はるか昔になくなった親類縁者たちと〝死者との会話〟を行っていたのである。

さらに、マーフィーには特になかったが、「光」を見るというのも臨死体験者には共通しているものである。

加えて愛の至福の感覚に包まれるのだという。それがそのまま味わい続けてしまうと〝昇天〟ということになるようだ。

マーフィーの場合も、臨死体験中の世界のすばらしさに「生身の肉体に戻りたくはない、このままここで生きていこうか——」と考えていた位であったという。

しかし、不本意ながらマーフィーは「生き還った」ということである。意識が三日ぶりに戻った。

この臨死体験から、マーフィーには死の恐怖がなくなり、自信をもって力強く生きる人間へと変身した。「死」の本当の恐怖は、それを「知らない」がために恐いのである。体験したことがないために、想像以上に恐がってしまう。

しかし、臨死の体験で、「死とは恐れるものでない」とわかったなら、そこには全く別の人生が拓けてくる。

第五章　マーフィー理論を使いこなす

〝志〟の条件

マーフィー理論においては、世俗的な成功、願望実現が強調されている傾向があり、また、その特徴として「即効性」をうたっているため、使いこなす側は、注意しないと、単なる〝俗物〟となってしまいかねない。

そこで、そのマーフィー理論を使いこなす上での心の持ち方をこの章で述べてみたい。

わたしは以前、「志」について著書を出した。そのとき、たとえば明治維新の志士が、人生を賭けた〝志〟とは何かの定義づけをした。

それは次の二つを満たすものである。

一、長期に渡るものであること

二、利他的な中身であること

たとえば、次の日曜にディズニーシーに行こうというような場合、それは志とはならない。あまりにも短期であり、すぐに実現できてしまうからだ。だから、長期に渡る、というのには「チャレンジしがいのある」というような、難易度の尺度を加えてもよいのかもしれない。

そしてもうひとつが、〝利他的〟なものであるということだ。これは、いうまでもなく、世のため、他人のためになるという〝利他の道〟である。たとえば、金儲けのためだけに、新薬を開発したなら、これは利己的になり〝志〟には値しない。

しかし、人類をその病気から解放していこうとなると、それは〝利他〟となり、志といってもよい。つまり、同じ行為であったとしてもそのときの心構えの違いは大きい、ということだ。

高級自動車、立派な家、財産……。しかし、それはすべて利己的なものであり、他でも書いたことがあるが、それは失礼な言い方を許していただければ、「子供のオモチャ」と同じレベルでしかない。

しかし、マーフィーは、それだけの世俗的な成功のみを説いたのではなかった。このことは強調しておかないと、ただ、物を手に入れるための便利な方法、と曲解されてしまいかねない。

潜在意識には主語がない

マーフィー理論の骨子は、潜在意識に強力に願望を刻印すると、それはやがて現実化するというものであるが、そこには大事なポイントがある。

それは、二四、五年前にマーフィーの著書で、印象深く思った、「潜在意識には主語がない」という意味合いのくだりである。

自分がして欲しいと思うように他人にせよ、というのは、他人の喜びを我が喜びにするとか、他人の幸福を恨んだり、ねたんだりしてはいけないという教えにも通じてくるだろう。その理由が、「この潜在意識には主語がない」ということを知るとはっきりわかってくる。

仮に、友人が仕事もうまくいって金回りもよくなり「成功」したとしよう。このときに、「あいつ、うまいことやりやがって、いつか失敗すればいいのに」と想うと、「あいつ」という主語がとれてしまって、〝失敗すればいい〟というマイナスの想いが潜在意識に刻印されてしまう。そして、結局どうなるかといえば、そう想った当人が失敗してしまうのである。

だから、ここから導き出されることは、他人が成功したら、「本当によくやった、偉いね」「すばらしいことだ」と、自分も心の底から喜んでみることが欠かせないということだ。

つまり、「あの人が成功してよくやった」「あの人はすごい」と心の底から想ったなら「あの人」という主語はなくなり、「よくやった、すごい、偉い」というようなプラスの想いが潜在意識へと刻印されることになる。

そして、法則通りに、それはやがて実現してくる。

そこには「類友《るいとも》の法則」が働き、プラスの想いは、プラスの出来事、現実を招き寄せるということになるのだ。

あなたは、他人の喜びを我が喜びとすることができるだろうか？


経験則として、悪い事が、続いて起こるということがないだろうか。これも、同じように、一度悪い事が起こると「また起こるのではないか」という不安、恐怖といったマイナスの感情が、似た現象を招くというのが大きな原因である。

潜在意識にまで至らない例だが、たとえばスポーツのコーチングでも、「マイナス面」を強調して意識させるのは、同様にまずい結果を招くことが多い。

野球でいえば、投手が、コーチに「あのバッターは、低目が得意だから、絶対に低目に投げるな！」と言われると、逆にそこへ投げてしまうようなものだ。

「君はフォークがあまりよくないから」「フォームが基本からかけ離れている」などという、マイナス意識の旧来の日本式指導でなく、よい面を評価して伸ばす、という指導方法は、想いを変えることが行動変革にまでつながっていくことになるので有効なのである。

シンクロニティの体験

もちろん、よい出来事もくり返し起こる傾向がある。これは、潜在意識への刻印のみならず、意味のある偶然の一致、というシンクロニシティの理論でもある。

たとえば、ある人のことを考えていたら、その人から電話があったとか、本を読んでいて目で見ていた単語が、そのままテレビのアナウンサーによって読みあげられるとか、正夢や似た現象が同時に多発したりなど、シンクロニシティについては実際に本になっている位に例は多い。

世の中には原因があって、結果が生じるという「因果の法則」の他に、どうやら因果のない、しかしどう考えてみても意味のある出来事は生じるのである。

普段は意識していなくても、緊急の際や生命にかかわるようなときに、人は多くのシンクロニシティを体験する。

　筆者も、家族を亡くしたときに、まだ亡くなったことを知らずにいて電車で病院に向かっていたときのことだ。偶然、電車内で、隣り合わせに座っていた老婆が花畑の絵を描いていた。わたしは、いやな予感がしたのだが、そのあと、老婆は、「永山駅はあといくつですか？」と尋ねてきた。そして、こういった。「ちょうど亡くなった主人の一周忌でしてね。そこに墓があるんですよ」

　この時点で、わたしは家族の死を直観した。その後、こんな老婆と隣り合うことも、花畑の絵を描く人に会うことも、ましてや「一周忌でしてね」などという人と会うことはなかった。これは、わたしの体験したシンクロニシティだけれど、おそらく世間には、いろいろな状況でシンクロニシティの体験がある方がいるはずだ。

逆境に感謝すること

　マーフィーの教えというのは、わたしたちに生きる勇気を与えてくれるものだ。なぜなら、人は逆境にあうと「もうダメだ」「ムリ」「どうやっても仕様がない」とあきらめてしまいがちだからだ。

わたしは昔、「でも、どうせ、だって」と、あきらめたり反発するようなことばを、その頭文字をとって「３Ｄことば」と名づけた。「３Ｄことば」は、マーフィーの考え方とは全く逆のものである。

しかし、もしも、人生のマイナス要因と思われていたものが、成功への原動力となり、むしろ成功には欠かせないとしたらどうだろうか?

「大病した、だから、もうダメだ」というのは一般的な従来の思考法であろう。

しかし、「よし、二度と大病しないように健康に留意しよう」と考えたら、健康な生活をしていくためのよいチャンスであった、となるはずだ。

「最下位だった、ビリ、もう望みなし」というのではいけない。

「よし、あとは上があるのみ、上昇する一方だ、楽しみだ」となるべきだ。もうダメだと思うか、あとは上に行くだけと考えるか、人生はその思考が創り出すものではないか。

また、商売でも、売れない原因を景気や季節に求めたりすることがあるが、「冷夏だから売れない」というのではなく、「涼しいから営業に出やすい」と考えることはできないだろうか。

景気が悪くても売れている商品はある。伸びている会社は存在している。それはなぜか。その差の根本は、考え方にある。少なくとも考え方が変わらなければ、行動が変わるはずはないだろう。

くり返すが、傍目にはマイナスファクターと思われて、成功の足を引っぱるようなことは、実は全く逆に「成功へのバネ」「成功要因そのもの」なのである。〝成功へのマイナス要因と思われていることが成功には実は欠かせないことだった〟のである。

そう考えると、逆境にあうたびに、むしろ、それから逃げたり、嫌うのではなくて、「感謝する」ことはできないだろうか。俗にいう「ピンチはチャンス」であり、ピンチの度に「ありがたい」と思えたなら、そこには全く新しい世界が展開してくるはずだ。

逆境をバネにする

その証明に、世にいう〝成功者〟を調べてみると、共通して、「逆境」「ピンチ」を成功へのバネとしているのである。

特に立志伝中の人物、企業でいうならば教科書に載るような〝神様〟と称されているような人物は、みんな「逆境」にあったか、傍目には成功へのマイナスファクター、つまり失敗要因と思われるような事を持っていたのだ。

逆にいうと、大成するには、むしろ人よりも劣っていたり、「これではダメだ」と思われるようなマイナス面を備えていることが、不可欠といってもよい。

松下幸之助が、体が弱かったこと、学歴がなかったこと、家が貧しかったこと等を自分の成功できた理由としてあげたエピソードは有名だ。

体が弱い＝ダメ、という思考ではなくて、「健康に留意しましょう。学歴がないから、人の話をよく聞いて人一倍勉強していこう。貧しいからこそ、将来豊かになろう」というのが、本当のプラス思考である。つまり、マイナスファクターは、プラス思考がともなったときに、これ以上はないという位の成功要因、プラスファクターへと変わるといえる。

身分制度が強く、武士の子以外が天下をとることなど夢の時代、豊臣秀吉は農民の子として生まれて、戦国時代の社会のピラミッドの頂点にまで至った。つまり出身というマイナスファクターが何とか上昇してやろう、何とか成功してやろうという原動力になったわけだ。

〝歴史上の人物〟では名をのこしている人に逆境になかった人はいない、といっても過言ではないだろう。

では、ジョセフ・マーフィーには、その人生でマイナス要因と思われるようなことがあっただろうか？

わたしのライフワークのひとつに、人物研究がある。世に知られざる異能、偉人を調べ、その生きざまを探っていくのだが、そこに共通しているのは、「生死の境」をさまようような体験あるいは〝大病〟を体験した人物は強く、そして、大きく生まれ変わる傾向も強いことである。

たとえば、中村天風という人がいた。天風師もまた、当時の死病を克服して、心身統一道を提唱し、人々に生きる力、信念を与えた偉人なのである。（そこには成功には欠かせない〝人との出会い〟があったのだが、その辺は筆者の著書や天風師についての著書を読んでいただきたい。）

マーフィーも、実は大病、臨死体験をしていたのがわかった。〝死〟というのは実は逆境の中でも極限の体験であり、生死の境をくぐり抜けるという意味で、戦争体験者が持つ強さとも共通している。

潜在意識の願望をインプットすると、それは必ず実現する。これは、マーフィー理論の骨子でもある。このことを、マーフィーは自身の病、死病サルコーマ（悪性腫瘍）から回復することで実証したのである。

心の活用法

マーフィー理論を一言でいうと「心の力を活用していくこと」がポイントである。そのためには、自分の想いそのものについて、もっと深く理解していく必要がある。「心」を極めていくということでは、たとえば日本にも〝禅〟がある。禅の中にはこのような表現がある。

「きれいな花があるのではない。きれいだと思う心があるだけだ」と。

全く同じことを、死病から生還したマーフィーは述べている。

「治らない病などない。そこには治らないと思う心があるだけだ」と。

マーフィーの理論、マーフィーの成功法則というのは形を変えてこの「心の活用法」を説いているものである。

マーフィーは、「ニューソート」の宣教師としても著名であった。直訳的には「新しい思想」とでもなるのだろうが、旧来のキリスト教、いわゆる宿命論的なものではなく、広義のキリスト教ではあるが、自分自身で運命は変えられるという信念のもとにキリスト教を読み直していくような、もっと人生をポジティブにとらえていくものである。

だから、マーフィー理論の中にはキリスト教的な中身や、聖書からの引用も多いのだが、その解釈は一般のキリスト教的なとらえ方とはかなり異なったところも多い。

本書では、そのような宗教的な解釈が目的ではないのでこれ以上は触れないが、仮にマーフィーの著書に触れる方がいたら、そこに載っている解釈、キリスト教は、「ジョセフ・マーフィー流である」ということは、押さえておいて欲しい。

さて、マーフィーはニューソートの思想を、毎週の会合で一五〇〇人という、多人数の信者を前にして説いてきた。

といっても、人前で話すということが得意であったのではない。むしろ、逆であり、少年の頃には、吃音、口ベタで悩んでいた位であった。

わたしも、年に二〇〇～二五〇回位の研修、講演を行っていて、人前で話すのが日常である。しかし、少年の頃は苦手であり、そもそも人前で話すような勇気がなかった。

一例を紹介すると、小学校の時、先生が質問をする。

「この答がわかる人、手を挙げて」

わたしはいつもといっていい位に、すぐにわかるのだけれども、手を挙げると先生に指名されて、クラスの人の前で発表するのが恥ずかしくてできなかった。わかっているのに手が挙げられずに、後から手を挙げた子がほめられるというのが、また、イヤという、ひねくれた心を持つ少年だった。

そんなわたしは人前で話すのがイヤ、大嫌いという状況にあったから、「人前で堂々と話をしたい」と切望して、学びトレーニングしていったのである。

実は、同様なことは、わたしの周囲の講演家やコンサルタントにも多いのである。赤面恐怖症やあがり症だった先生も多くいる。やはり、マイナスファクターはバネになり、ピンチはチャンスなのだと思う。

少年時代のマーフィーにも、「何とかこの吃音、口ベタを克服して、堂々と人前でスピーチしてみせる」という強い願望が芽生えていたのではないだろうか。

すべてのマイナス概念からの脱却

マーフィーは病にかかり、臨死体験をしたが、そのときに、すでに亡くなった親類と会話を交わしたり、外国へも思っただけで一瞬に移動できたり、通常の肉体を持っているのと同じ以上に移動することができたと述べている。

マーフィーは病で三日間意識をなくしていたとき、医師が病室にやって来て、マーフィーがすでに「死」の状態にあることを口にしているのを〝見ていた〟。

あまりにも臨死体験状態が自由だったので、マーフィーは元のように肉体に戻ろうとは思わなかったくらいだという。

そして、臨死体験によって、マーフィーには「死に対する恐怖」がなくなった。これは人生で最も力のあることであろう。

日常生活の中では、誰もが「死」そのものを見つめようとはしないし、無意識にも避けているものだ。もっとも人間は成人に成長する年の五倍は生きられるのだという。つまり、二五才が成長のピークとしたら、五倍したら一二五才、ここまでは生きる可能性はあるという。

それでも、人生は有限なことに違いはない。人生はオンリーワンページで、この一瞬一瞬は二度とない。だから、与えられた人生を精一杯生きようと思う。

あるいは、宇宙が誕生してからこれからも、それ以前にも「あなた」の人生というのは唯一、一回限りでもう未来どんなに待っても、二回目はない。だから、どんな時であっても二度と体験できないのだから、大切なのだと感じる。

また、「死ぬ」というのは「今、生きているから」こそ味わえるという考えがある。まだこの世に生を受けていない人は、当然だが死ねない。死ぬことができない。すでに亡くなった人も、再び死ねない。つまり「死」というのは、生きている証なのだ、ということである。

しかし、この世界がやがて二度と味わえなくなること、愛する人と語り合うことができなくなる日の来ることを真剣に考えてみると、やはり「恐怖がゼロ」というところまで、今のわたしにはまだ到達できていない。

しかし、マーフィーは臨死体験によって次のような確信を得ていた。

「死は存在しない。なぜなら、あなたはどこかで永遠に生きているからだ」

このマーフィーの言葉には、どこにも死の恐怖がない。それは、これ以上ない人生の強さになる。

また、仏陀と並ぶ聖人の一人と言われているクリシュナムルティは、「恐怖」というのは実体のないものであることをくり返し説いていた。

「死の恐怖」もそのひとつであるといい、もともと「死」そのものを体験することは人にはできない。体験した時点で死んでしまうからであり、よくよく考えたなら、体験したことのないことを怖がる必要はないわけだ。体験していないことは、わかりようがないからだ。

クリシュナムルティの教えは、一頃流行した、文化習慣のようなものがあたかも遺伝子のように進化して、次々に伝播していくという「ミーム」的なものが、真実なのではないことも教えてくれる。

マーフィーもこの辺に少し触れており、マイナス思考をしがちな〝普通の人々〟の考え方には注意しなくてはいけないという意味のことを述べている。

究極のプラス思考は、マーフィーのように「死への恐怖」を代表とするすべてのマイナス概念から脱却した思考であろう。

臨死体験を経たマーフィーの言葉には、超越した者のみがもつ力があふれている。

潜在意識の無限の力

フロイトによる〝潜在意識〟の発見は、心の分野においては衝撃的なことであった。それまでの理性万能の時代から、人の心には理性、思考、知覚といった表層意識だけでなくて、無意識、潜在意識があり、しかもそれは七〜八割もの広大な領域を占めているというのである。

よくいう例えのように、表層意識は氷山の一角であって、水面下の部分にあたるのが潜在意識である。

初期はフロイトと仲間であったが、やがて別れたユングは、いわゆる「集合的無意識」を説いた。

それは、実は個人の潜在意識というのは大海の一部のようなものであり、それは〝人類共通〟といってもよい大海原、人類というレベルでの潜在意識に通じている、つながっているというものである。

たとえば、世界各地の「神話」の中に、打ち合わせたわけでもないのに、共通して太陽神が登場したり、太古の絵画が現代人のイメージと重なっていたりするような例にユングは気づいたのである。

先に「潜在意識には主語なし」といったが、ユングの説いた集合的無意識、つまり人類の潜在意識というのが、大海のようにその深層ではつながっているという点からも、その教えは正しいのだといえるだろう。

インド哲学（広義の仏教思想）に「八識論」というものがある。このうち般若心経の中にもあるが、一般にいう「五感」が眼耳鼻舌身という「五識」である。「六識」は「意識、理性的な心」といってもよい。そして、「七識」が「個人レベル」での潜在意識で「マナ識」という。

そして、八識論の最低レベル（八識）にあるのが「アラヤ識」であり、これはユングの説いた集合的無意識に等しい。マーフィーのいう「SUBCONSCIOUS MIND」というのは、このマナ識とアラヤ識の双方を指している。

また、アラヤ識を特に強調するようなときには「大宇宙の力」「大自然の力」というようなニュアンスの「COSMIC　MIND　POWER」というような表現をマーフィーは用いていた。

潜在意識については、あまり深く研究する必要はない。少なくとも「人生は成功したい」「願望を実現したい」という人なら、車の運転を考えればよい。つまり、運転することが最大のポイントであり、車の構造を知らなかったとしても「動かし方」をマスターしたら運転そのものはできるというのと同じだ。

ただ、興味のある方は、マーフィーも理解を示した「易」や「直観、テレパシー」といった、いわゆる超能力的なことも好んで研究したユングの著作にあたることをお勧めしておく。

ユングは、先述したようなシンクロニシティについても理解のある、異才、異能の学者であったので、ユングの潜在意識について知ることは、マーフィーの理論を理解するうえでも、よいのではないかと思う。

ニューソート思想

中村天風師は、病克服の世界行脚の際に、アメリカに渡っている。当時、先述したニューソートはブームであり、富、成功、繁栄、健康といった世俗的なものを肯定するがために、旧来のキリスト教とは一線を画されていた。

ニューソートでは、先の潜在意識について〝宇宙霊〟という表現もしており、実はこれは中村天風師もそのまま用いていた。信念の力を説く天風哲学には、ニューソートの影響も大きいのである。

わたしが二〇歳の頃、インドのアシュラムに滞在していた際に、導師のシバナンダ師は、知っている日本人として谷口雅春氏の名をあげていた。谷口雅春氏は、『生長の家』の創始者であり、日本におけるニューソートの伝導者の第一人者であった。日本人初のヨガ直伝者の中村天風、谷口雅春、これらの人物も、結局ジョセフ・マーフィー博士へと、「ニューソート思想」というキーワードでしっかりとつながってくる。

中村天風師についてはすでに著作でも紹介したことがあり、今回、マーフィーの教えを紹介できることには何か使命のようなものを感じている。

先の「アラヤ識」というのは、さらに広く考えてみると、個人の理性ではどうしようもない位に巨大な、無限の力といってもよい。それはたとえば、宇宙を成長させたり、地球を自転させたり、あるいは春に花を咲かせるような〝原動力〟といってもよい。天風哲学でいう〝宇宙霊〟こそは、マーフィーのいう潜在意識そのものである。

マーフィーの説くところと、天風師の説くところ、その真理はひとつである。わたしたちは、人類共通の大いなる力のもとにあって、その力は、「人は自分の想った通りになる」というルールのもとに人に共通して作用する。よい想いはよい現実、悪い否定的な想いは悪い現実をそのまま引き寄せてしまうのである。想いは現実化する。くれぐれも、日々の想いをおろそかにしてはならない。

マーフィーの説いた〝成功〟の三つのステップ

マーフィーの「成功」の定義とは
「平和や喜びや幸福を長い間もつこと」
である。それは「物」や「地位」でなくて「心の平安」、「心の安定」につながるものである。つまり、成功の究極は物質面でなく、心の問題なのである。

そこで、成功の三ステップを、マーフィーの説いたところをもとに、説明してみよう。

第一ステップ
(自分のやりたいことをすること)

好きこそものの上手なれとか、是を知る者は是を好む者にしかず、というように人は、「好きなこと」を行なっているときに輝き、能力を発揮していくことができる。

一般には、なかなか好きなことが仕事と重ならないから、「仕事を好きになれ」というようなことをいう。

ただ、「仕事」については、「知識」が増すほどに、好きになる可能性が出てくる。ひとつのヒントにして欲しい。

たとえば、わたしは武道や格闘技が好きなのだが、好きな選手や団体のことはよく知っている。逆に、興味のない人のことは知ろうともしない。仕事でも、好きな分野ならくわしいし、よく知っている。

知人にも二〇年前から「ＩＴ」の分野が好きで、パソコンのごく初期から「好きで」

調べたり、試行錯誤したりして、家の建つ位に〝投資〟してきた人がいる。今ではITのプロで仕事をしているのだが、彼のように好きなことを仕事にできたら理想的である。だから、どんな仕事でも「知識」を増やして、興味が出てくるような方向にしていきたい。

マーフィーはこの点について、やはりおもしろいもので「潜在意識の活用」を勧めている。

潜在意識が「何をやっていいのかわからない」「好きなことがはっきりしない」という人に対して、答えを与えてくれるというのである。

「願望実現」のときと全く同じやり方で、自分の好きなこと、仕事が見つかると「信じ」、「祈り」、「念じ」、「瞑想」していくのである。

やがて、その答えは「感覚的なもの」、「直観」、「フィーリング」、「イメージ」、「予感」といった形で表われてくるのだという。

第二ステップ

（スペシャリストとなること）

企業でいう、コアコンピタンシーと同じで、自分でも「これだけは他の誰にも負けない」「他の人には変えがたい」プロとしての力をもつことである。

「あなたでなければダメ」というスペシャリストになればなるほど、社会的な名誉も地位も、世俗的な成功も容易に手にできるようになってくる。

万一リストラにあっても、他が放ってはおかないし、そもそもそれだけの力量があるスペシャリストならば、企業が手放さない人材であろう。人材であり、「人財」。企業にとっての宝となる位の能力がものをいう時代である。

第三ステップ

（やりたいことは、利己的でなく、人類に益するものであること）

つまり、〝志〟があってこそ、自分のやりたいことは真の〝成功〟に通じてくるというわけだ。

しかも、マーフィーはこの三つ目のステップが一番重要なのだと説いている。

マーフィーにかかわる書物では、あまりにも「世俗的」な成功、願望実現を強調したあまり、ここが見逃されてきたのではないだろうか？

願望実現の「伝道師」

「与えれば与えられる」という本来のキリスト教的な思想、信念は、マーフィーの最も言いたかったことの一つである。

願望が叶う、そのための即効性のある方法。手段も考えなくていい、ということのみが、マーフィーの言いたかったことではない。

マーフィーは、ニューソートの思想を説いたのだが、「潜在意識」のパワーを聖書の「マーフィー流解釈」で強調してきた。それには実績がある。

ただ、それは、おそらく一般のキリスト教的な解釈よりも、「潜在意識」を強調しすぎる傾向のあるとらえ方ではある。

しかし、考えてみると、「利他的」な願望、やりたいことを重要視しているという意味において、それはキリスト教本来のあり方に戻っているといえるのではないか。だから、ニューソートではあったとしても、やはりマーフィーはある意味で、「伝道師」であり「牧師」なのである。

つまり、マーフィーは、「成功、願望実現の伝道師」であったというのが、わたしの結論なのである。

そして、みなさんには、早く「利己的」な夢は叶えてしまって、さらに「利他的」な、人類に益するというような広い心で、成功を志して欲しい。切望している。

おわりに

わたしは、このたび本書を執筆するにあたって、改めてマーフィーの著作を読み返してみたが、やはり(というか、当然なのだが、)マーフィーの教えというのは、素晴らしいということを再確認させられた。

とくに、マーフィー理論の解読に成功してから、その教えをかみ締めてみると、その深遠さに、魂からの感動を覚えてしまう。

本書は、その深遠さを、実践にまで落とし込んで解説できたのではないかと自負している。

「マーフィーの本を読んだが、どう実行に移していいのかよくわからない」という方はけっこういらっしゃるのではないかと思うが、そういった方には、ぜひ本書をお読みいただきたいと思う。

また、この本で初めてマーフィーの教えに出会われた方もいらっしゃるだろうが、この、あらゆる状況が閉塞している現代の日本に生きるみなさんに何かヒントをお与えすることができたのなら、幸いである。

本書でも述べたが、マーフィーの教えのひとつとして、『他人の喜びをわが喜びにしなさい』というのがある。潜在意識の世界では、他人の喜びも、自分の喜びも、『喜び』ということには変わりはない。

であるなら、本書を世に出すことによって、多くの方々に喜んでいただけたら、それがわたしの喜びとなるのである。本書をお読みいただき、マーフィー理論を実践されることを切に希望するものである。

また、本書を執筆するに当たっては、マーフィー本人の著作はもちろん、その研究に取り組んだ各氏の著書も参考にさせていただいた。個別の名は挙げないが、感謝申し上げたい。また、本書を出版するに当たり、総合法令出版株式会社の仁部亨社長、編集部の稲垣陽氏、関俊介氏にはお世話になった。

平成一五年五月

著者

❖著者略歴❖
松本幸夫（まつもと　ゆきお）
1958年、東京都生まれ。東京ヨガ道場主任インストラクター、経営者教育研究所を経て、現在はヒューマンパワー研究所所長。能力開発、メンタルヘルス、人前での話し方など、様々なテーマで講演、社員教育を行っており、研修回数は年間200回を数える。また「人物論」にも定評がある。著書は、『通勤大学人物講座１　中村天風に学ぶ』『通勤大学人物講座２　安岡正篤に学ぶ』『中村天風の教え』『安岡正篤の教え』（総合法令出版）、『志の論理』（日本教文社）、『人間関係の基本が身につく本』（成美堂出版）、『説得力を７日間で鍛える本』（同文舘出版）、など、60冊以上におよぶ。

通勤大学文庫
通勤大学人物講座3　マーフィーの教え
2003年7月8日　初版発行

著　者　**松本幸夫**
装　幀　**倉田明典**
イラスト　**田代卓事務所**
発行者　**仁部　亨**
発行所　**総合法令出版株式会社**
〒107-0052　東京都港区赤坂1-9-15
日本自転車会館2号館7階
電話　03-3584-9821
振替　00140-0-69059
印刷·製本　**祥文社印刷株式会社**
ISBN4-89346-799-9

総合法令出版ホームページ　http://www.horei.com